Mocktails
&
Low-ABV Cocktails

モクテル & ローアルコールカクテル

いしかわ あさこ

STUDIO TAC CREATIVE

Contents
目 次

Mocktail & Low-ABV Cocktail Recipes

Chef's Choice & Food Pairing

モクテルは、
アルコール分1%未満の
カクテルのこと

　Mocktail（モクテル）はMock（模造の／真似る、似せる）＋Cocktail（カクテル）の造語で、ノンアルコールのカクテルを指します。「そもそもカクテルって何だろう?」と思うかもしれませんね。実は至ってシンプルで、お酒に"何か"を加えた飲み物のことです。例えばジンにトニックウォーターを加えたものが「ジントニック」、カンパリとソーダで「カンパリソーダ」、そしてウイスキーの水割りもカクテル。そのカクテルのアルコール度数が1%未満だということです。近年、健康志向の高まりや若い世代を中心としたアルコール離れ、パンデミックなどでノンアルコールやローアルコールドリンクの需要が急激に増え、それはバーの世界にも波及してきました。

さて、ピーチリキュールとオレンジジュースで作る「ファジーネーブル」というカクテルがありますが、このピーチリキュールを桃のジュースに変えたらモクテルになるでしょうか？　何も工夫しなければ、それはきっと"ミックスジュース"になるでしょう。モクテルには、お酒が入らないゆえの難しさがあります。"ノンアルコールカクテル"ですから、お酒を飲んでいる気分にさせてくれる一杯がいいと思う人もいるでしょう。もしくは、これまでにない新しい感覚のドリンクを求めている人もいるかもしれません。本書ではその一杯を創作するヒントや、

バーテンダーさんたちによるモクテルとローアルコールカクテルのレシピをご紹介していきます。

これまでドライバーや妊婦さん、ご病気などで「お酒を飲みたくても飲めないから」選択される傾向にあったモクテル。お酒に弱かったり飲めない人もバーを愉しむことができたり、飲む人と飲まない人が一緒に楽しく過ごせるようになればという思いでこの本を制作しました。バーだけでなくレストランやカフェ、居酒屋、そしてご自宅でも参考にしてくださると嬉しいです。

多様化し、台頭しつつあるモクテル

　1933年にアメリカの禁酒法が廃止され、子どもを含めた家族みんなでお酒の場を楽しめるようにと考案されたノンアルコールカクテルが「シャーリー・テンプル」だといわれています。ジンジャーエールにグレナデンシロップとライムジュースを混ぜて、マラスキーノチェリーを飾った一杯。当時アメリカで子役として人気を博し、後にハリウッドの女優、外交官としても才能を発揮した女性の名前から名付けられました。モクテルという言葉が生まれた時代は定かではありませんが、このシャーリー・テンプルが誕生した後のようです。

　ほかに広く知られているのが、例えばオレンジジュースとレモンジュース、パイナップルジュースをシェイクした「シンデレラ」や、アイスティとレモネードを混ぜた「アーノルド・パーマー」。レシピだけ聞くとそれこそミックスジュースですが、バーテンダーさんたちはグラスやデコレーションを工夫し、カクテルとして楽しめるよう仕上げています。また、スタンダードカクテルの「ブラッディメアリー」「シーブリーズ」「チチ」「ピニャカラーダ」「モヒート」などのベースとなるウォッカやラムを抜いたものが手軽なモクテルとして提供されてきました。

やがて清涼飲料水を混ぜたり、ベースのお酒を抜くスタイルから徐々にスパイスやハーブ、自家製シロップ（コーディアル）、ビネガー、フレーバーウォーターなどを加えた複雑な一杯へ進化し、ノンアルコールスピリッツの拡充によってモクテルが多様化していきます。2013年には、イギリスの慈善団体ALCOHOL CHANGE UKが毎年1月に禁酒して飲酒習慣を見直そうというキャンペーン"Dry January"をスタートして各国が後に続いたり、アルコールとの付き合い方を改めて考え、あえて飲まない選択をするライフスタイル「ソバーキュリアス」が注目されるようになりました。これはイギリスの作家ルビー・ウォリントンの著書『Sober Curious』から広まった言葉で、日本でも

Facebookで下戸が集まるグループ「ゲコノミスト」が2019年に発足するなど話題になっています。メニューの一部だったモクテルは徐々に存在感を増し、アルコールフリーのバーが海外で次々と誕生しました。

国内では、2020年3月に東京・日本橋でローアルコールとモクテルの専門バー「Low-Non-Bar」がオープン（現在はマーチエキュート神田万世橋へ移転）、バーの間口と可能性を広げています。モクテルは当初の「カクテルを真似た」レシピからアップグレードしたり、これまでにない素材やツールを用いたオリジナルが創作されたりと、新たなドリンクのカテゴリとして確立してきています。

新しい
バーカルチャーが始まる!?

ここ数年で一気に盛り上がりを見せる、日本のノンアルコール市場。以前からビール
テイスト飲料やノンアルコール・低アルコールチューハイなど、開けてすぐ飲めるRTD
（Ready To Drink）が市場を拡大していましたが、さらにモクテル専門バーやノンア
ルコールジンの登場で飲食業界に新たな風が吹いています。

　「お酒は飲めないけれど、バーに行きたい」という人は、意外と多いのではないでしょうか。先述したローアルコールとモクテルの専門バー「Low-Non-Bar」のカウンターに立つオーナーバーテンダー、宮澤英治さんもそのひとり。約5年前からアルコールを控えるようになったそうですが、その前からモクテルやローアルコールカクテルに力を入れていたといいます。ただ、①取り扱えるノンアルコール商材が少ない。②ノンアルコール商材は賞味期限が短い。③一般的なカクテルに比べてレシピもノウハウも少なく、創作するのが難しい。④アルコール入りのカクテルと同じ価格帯で販売しづらい。といった課題がありました。当時、国内のバーにおけるモクテルの選択肢は狭く、オンメニューすらされていないことが多々あったのも頷けます。それらを解決したのは宮澤さんと店長の髙橋弘晃さんをはじめとするバーテンダーの皆さんの尽力、そして時間の流れでした。

オーナーの宮澤さん（右）は、都内にバー「Orchard Knight」「Cocktail Works」「LEAP BAR」、軽井沢でバーに併設された「Bartender's General Store」を展開している。／バーテンダー歴約15年の髙橋さん（左）。「Low-Non-Bar」の店長としてだけでなく、モクテルの創作やノンアルコールの魅力を多方面へ発信する活動を続けている。「モクテルの構築は、模索することばかり。でも、何か発見した時は嬉しいですし、各素材の役割を再認識できます」

ノンアルコール、ローアルコールいずれにも対応できるようにメニューが構成されている。4種類のドリンクと、それに合わせたチャームが付く"カクテルコース"も。例えばジンフィズやモヒートのモクテルを1杯目に、ノンアルコールワインをベースにすっきりと仕上げた「ブラン」、バナナウォーターを使ったフルーティな「マナナ」、そしてノンアルコール日本酒と山葵、チョコレートをミックスした「ワビサビ」へといった流れで提案してくれる。

「先行してモクテルとフードのペアリングを提案されていたレストランで学ぶなどして、徐々に自分たちの手法を築いていきました。独自の発酵ドリンクを研究したり、酒粕を使ったシロップを作ったり。商材もここ数年で高品質なものが増えてきて、ノンアルコールジンやワイン、シュラブ、シロップ、コンブチャなど選択肢が広がりました。モクテルはカクテルと同じ、もしくはそれ以上に材料費がかかることもありますし、バーテンダーの技術も必要とされます。この情勢でノンアルコールに興味を持つ方も多く、それなりの価格で販売できる時代になってきたのではないでしょうか。賞味期限が短いため、一度開封したボトルを冷蔵庫で保管するとお客さまの目につかないという悩みは、ショーケースを設置することで解決しました。物販も併用しています」(宮澤さん)

「モクテルとミックスジュースは、何が違うのでしょうか。私は嗜好性があるかどうかだと考えています。ゴクゴク飲んで喉の渇きを癒すのか、ゆっくり飲んで味わうのか。しっかりとした目的とロジックをもって作る大人の飲み物がモクテルなんです。嗜好品であり、カクテルの骨格になるアルコールが入らないので意識的にそれを組み込まなければなりません。味覚と嗅覚への非日常的な刺激、カクテルにおいてアルコールが果たす味わいなどの軸となる部分をノンアルコールでどう表現するかが課題で、香り、酸味、甘味、辛味、苦味、渋み、テクスチャー、それぞれにポイントがあります(次頁参照)。それらの要素をミルフィーユのように重ねていきながら、最終的にジュースではない嗜好品としてのモクテルを作るよう心がけています」(髙橋さん)

モクテル構成のポイント

香り ドリンクを口にする際、通常では嗅ぐことのない香りを入れてみる。乳香、ベチバー、サンダルウッドなどお香のようなものや酒粕、ハーブティでは感じられない強いハーブの香り（ジャスミン、ラベンダー、バラなどイメージが沸くものはストレートに使うのではなく、別の副材料と合わせて新しい香りを提案する）。これらを、料理にスパイスを振る感覚で加えることが多い。

酸味 レモンやオレンジなどカクテルに使われるフルーツ由来のクエン酸だけでなく、酢酸（ビネガー、コンブチャ）など喉に引っ掛かるような酸味をアクセントとして使う。ペアリングをはじめとする食中のシチュエーションであれば、酒石酸やリンゴ酸などワインに入っているような酸（食用の粉末、またはノンアルコールワインの白）を使って穏やかに酸味のバランスをとる。

甘味 カクテルにおけるアルコールのように、甘味はドリンクのボディの要素を担うことが多い。ただ、それだけを加えてもモクテルのボディにはなりづらいので、少量の酸味を加えてバランスをとり、甘酸味で味わいを構成していく。甘味のキレがいいグラニュー糖のシロップを通常のカクテルのように使っても良いが、モクテルを続けて飲むことを想定するなら上白糖や和三盆などショ糖以外の旨味が残っている（甘味が後を引く）ものを少量使いながら、コクや余韻の長さをコントロールする。仕込みでリキッドなどを作る際は、フルクトース（果糖）を使用することも。

2020年6月、宮澤さんはノンアルコール商材を取り扱う輸入商社「アルト・アルコ」の安藤裕さんとノンアルコール専門のECサイト「nolky」を立ち上げます。日本初のノンアルコールジン "NEMA" や、デンマーク・コペンハーゲンのレストラン「noma」の元シェフが手掛けた "NON" などを取り扱い、サイト内にバーテンダーによるモクテルのレシピを集約した "Mocktail Lab" をオープン。モクテルやローアルコールカクテルを作るバーテンダー

辛味	アルコールの刺激の代替として、とても分かりやすいのが辛味。ホットチョコレートに唐辛子を入れるだけで大人のドリンクになるように、その香りと刺激が新たな一面を与えてくれる。主役ではなく、カクテルにおけるビターズ感覚でアクセントに使用することが多い。また、山葵はすり下ろしてから時間が経つにつれて辛さが立ち、生姜は乾燥させると穏やかな辛味から尖った辛味に変化する。パンチの効いたモスコーミュールのシロップを作りたいなら乾燥させた生姜を使うなど、どのような状態で用いるのかもポイント。
苦味・渋み	嗜好品とされるお茶やコーヒーなどに共通しているのが苦味と渋みで、ドリンクにキレを生み、味わいを複雑にする。スパイスやハーブ、ヨモギ、柿酢といった素材のほか、レモンジュースをやや力強く搾ったり、柑橘系の皮で香りをつける際に苦味成分もドリンクに入れるなどの方法がある。人間が感じる五味のうち、最後に好むようになるのが苦味。お客さまから「一番お酒っぽいものを」とオーダーされた場合、苦味をしっかりと意識しながらモクテルを構成する。また、渋みが適度にあるとモクテルにボディが生まれる。
テクスチャー	炭酸や卵白などの泡、粘度、フルーツを粗漉しするなどの方法で飲みごたえを調整する。一方、乳脂肪やペクチネーゼなどを使い、液体をクリアにしてカクテルらしい質感を出すことも。これはお酒が主役になるクラシックなショートカクテルをイメージしており、アルコール度数や温度帯による粘度の変化もあるが、固形物の入っていないサラッとしたものと定義している。
その他	視覚や嗅覚、聴覚で"サムシング"を伝えていく。例えばモクテルのテーマが鳥であれば鳥型のグラスに注ぐ、その場で煙を焚いて燻香をつける、お客さまがドリンクを飲む前にビターズや隠し味などの情報を伝えて味や香りを感じて頂くなど、エンターテインメントのひとつとしてカクテルメイキングを行う。

が増え、レシピやノウハウが以前とは比べ物にならないほど蓄積されました。安価だと思われていたノンアルコールドリンクは、クラフトコーラやサードウェーブコーヒーに見られるようにブランド化が進み、価値観が変わってきています。まだまだ開拓の余地があり、ポテンシャルが高い分野。お酒を飲んでも飲まなくても、バーを愉しめる日は近いのかもしれません。

ローノンバー
LOW-NON-BAR

ABV 0%

よく聞かれる質問「ジュースとモクテルの違いって?」に対する答えをわかりやすく表現し、店名を冠したモクテル。カクテルの語源から、鳥型のグラスでサーブしている。

材　料

クランベリー ジュース	30ml
グレープフルーツ ジュース	30ml
シュラブ オレンジ&ジンジャー	45ml
ラズベリー	4個
ブルーベリー	4個
苺	1〜2個
パプリカ(赤)	1切れ

ガーニッシュ

ローズマリー	1本

作り方　　❶ シュラブ以外の材料をブレンダーで撹拌する。

❷ ❶をバーズネストで濾しながら、ボストンシェーカーに入れる。

❸ シュラブを加えて、スローイングする。

❹ 鳥型グラスに注いで、ストローとローズマリーを飾る。

シーグリーン
SEA GREEN

ABV 5.5%

海の情景をイメージした、ローアルコールカクテル。キウイが主軸となり、相性の良いハーブと蜂蜜（シャルトリューズ）、磯の香りとキャラメル（キャラメル昆布）で味にレイヤーを重ねている。

材料

シャルトリューズ ジョーヌ	10ml
キウイウォーター※1	60ml
昆布キャラメル※2	2〜3tsp
岩塩	1つまみ

ガーニッシュ

好みのハーブ	適量

作り方

❶ 材料をロックグラスに入れて、ステアする（岩塩をしっかり溶かす）。

❷ 好みでタイムやセージなどを飾る。

※1 [キウイウォーター]
材料：グリーンキウイ、ミネラルウォーター、ビタミンC、ペクチナーゼ　各適量
① グリーンキウイの皮をむき、重さを量る。
② ①と同量のミネラルウォーター、①に対して1％のビタミンCと0.5％のペクチナーゼを加え、ブレンダーにかける。
③ 1時間ほど冷蔵庫で休ませた後、キッチンペーパーで濾す。

※2 [昆布キャラメル]
材料：昆布出汁 525ml ／グラニュー糖 500g ／リンゴ酢 大さじ1
① 鍋に出汁25mlとグラニュー糖、リンゴ酢を入れて、中火できつね色になるまで煮詰める。
② ①をクッキングシートに広げ、冷やし固める。
③ ②を鍋に入れ、残りの出汁500mlを加えて弱火で固まったキャラメルを溶かしながらシロップにする。

ヨアソビ
YOASOBI

ABV 0%

アーティスト"YOASOBI"をイメージした
モクテルを、という依頼からクラシックカ
クテルの「ラモス ジン フィズ」をツイス
ト。王道のJ-POPに少しダークなもの
を含ませるスタイルに合わせて、ヨーグ
ルトのような味わいにアブサン (緑の悪
魔)を組み込んだ。

材料

ノンアルコールジン (ネマ 0.00% アブサン)	30ml
レモンジュース	15ml
ライムジュース	15ml
ピスタチオ シロップ※	30ml
生クリーム	30ml
卵白 (Mサイズ)	1個
塩	1つまみ
ソーダ	90ml

ガーニッシュ

ローズレッド	小さじ1
葉脈	1枚

※ [ピスタチオ シロップ]
材料：殻を外したピスタチオ 20g ／シン
プルシロップ 100ml
① ピスタチオにシンプルシロップを半日
　ほど浸漬する。
②①を粗挽きになるまでブレンダーにか
　け、小一時間休ませる。
③ さらし、またはキッチンペーパーで濾す。

作り方　❶ 卵白と塩をシェーカーに入れて、クリーマーなどで軽くメレンゲ状にする。

　　　　❷ ソーダ以外の材料を加えて、充分にシェイクする。

　　　　❸ タンブラーにソーダ30mlを入れて、その上から❷を注ぐ。

　　　　❹ 残った60mlのソーダを加える。

　　　　❺ こんもりと泡が上がってきたら、ストローとガーニッシュを飾る。

ウッドランドミスト
WOODLAND MIST

ABV 4.5%

乳香と呼ばれ、クレオパトラも好んだフランキンセンス。クリーミーな香りの中に、松林のニュアンスとシトラス。冷涼な朝の松林に立ち込める霧をイメージしている。

材　料

フランキンセンス ウォッカ※1	10ml
ノンアルコール日本酒（月桂冠スペシャルフリー）	10ml
レモンジュース	10ml
レモンシロップ※2	10ml
ジュニパーベリー	4粒
カルダモン	1粒
ナツメグ	極少量
ソーダ（または硬水）	45ml

ガーニッシュ

ローズマリーのスモーク	適量

（または、ローズマリーを炙って飾る）

※1［フランキンセンス ウォッカ］
材料：ウォッカ 200ml ／フランキンセンス樹脂（オーガニック）5g
① ウォッカにフランキンセンスを3日ほど浸漬する。
② コーヒーフィルターで濾す。

※2［レモンシロップ］
材料：レモン、グラニュー糖 各適量
① ピーラーでレモンの皮を剥く（白い部分はなるべく外す）。
② レモンを搾り、重さを量る。
③ ②と同量のグラニュー糖と①で剥いたレモンピールを鍋に入れて、弱火でグラニュー糖を溶かす。
④ 溶けたらすぐに氷水で冷やし、粗熱を取る。

作り方　❶ シェーカーにウォッカ、ジュニパーベリー、カルダモン、擦ったナツメグを入れて、ペストルで軽く潰す（香りを移す）。
❷ ❶を濾しながらワイングラスに入れて、残りの材料を加える。
❸ 氷を1つ入れて、ステアする。

ミッドナイト
デイジー
MIDNIGHT DAISY

ABV 0%

酒精の強いカクテルでしか味わえない
ような、複雑な風味をモクテルで。苦味
をしっかりと感じながら楽しめる大人の
一杯。コーヒーは、酸味の綺麗なタイプ
がおすすめ。

材料

ノンアルコール アマーロ※1	20ml
コールドブリュー コーヒー	20ml
ローズウォーター	15ml
トリュフハニー シロップ※2	10ml
ライムジュース	2tsp
ソーダ	70ml

ガーニッシュ

グリオッティン チェリー	3個

※1［ノンアルコール アマーロ］
材料:アベルナ アマーロ、チナール、ピコ
ン 各適量
① 各材料を同量混ぜて、減圧蒸留器で
　半量になるまで蒸留し、アルコールを
　抜く。

※2［トリュフハニー シロップ］
材料:トリュフハニー 50g／熱湯 50ml
① トリュフハニーと熱湯を混ぜて、粗熱
　を取る。

作り方　❶ ソーダ以外の材料をティーカップに入れて、ステアする。
　　　　　❷ ソーダを加えて、軽く混ぜる。
　　　　　❸ ピンに刺したチェリーを飾る。

マドレーヌ
MADELEINE

ABV 5%

007シリーズの主人公、ジェームズ・ボンドが本当に愛した2人の女性「ヴェスパー」と「マドレーヌ」。あまりにも有名なカクテル「ヴェスパー マティーニ」とは対照的に、ローアルコールで創作した。

材料

ジャパニーズ桂花陳酒※	30ml
ジン（モンキー47）	10ml
ヴィンテンス シャルドネ	20ml
ノンアルコールジン	10ml

※［ジャパニーズ桂花陳酒］
材料：シェリー（モスカテル）400ml ／ サトウキビ糖 200g ／ 金木犀 12g ／ サンダルウッド 3g

① 白ワインを鍋に入れて火にかけ、アルコールを飛ばす。

② サトウキビ糖、金木犀、サンダルウッドを加えて、5 〜 7分ほど蒸らす。

③ キッチンペーパーで濾す。

作り方 ❶ 材料をステアして、陶器のカクテルグラスに注ぐ。

ワッツアップ ドク?

WHAT'S UP DOC?

ABV 0%

人参が大好きなバッグス・バニーの口癖「どうしたの、先生?」からインスピレーションを得て創作。もしも、彼がバーに来たらとイメージして。予め仕込んでおき、すぐ提供できるRTDに。

材 料

キャップルジュース※1	100ml
タイガーハーブティー※2	50ml
ホップコーディアル※3	20ml

※1[キャップルジュース]
材料:人参 2本／リンゴ 1/2個
① 材料をスロージューサーにかける。
② ①の量に対して0.5%のペクチネーゼ、0.25%のアスコルビン酸を加えて清澄化する。

※2[タイガーハーブティー]
材料:タイガーハーブティー(ゴツコーラ) 4g／沸騰したお湯 100ml
① タイガーハーブティーに沸騰したお湯を入れて、2分ほど蒸らす。

※3[ホップコーディアル]
材料:ネルソンホップ 3g／レモンドロップ ホップ 3g／水 300ml
① ネルソンホップとレモンドロップホップを水に溶かし、低温調理器(52℃・2時間)で加熱する。
② コーヒーフィルターで濾す。
③ ②の量に対して1/2のグラニュー糖と1%のリンゴ酸を加える。

作り方　❶ 耐圧用ペットボトルに材料を入れて、炭酸ガスを充填する。
　　　　❷ ❶をボトルに詰めて、打栓する。
　　　　❸ 提供時に開栓し、氷を入れたグラスに注ぐ。

Low-Non-Bar

Bar info

Low-Non-Bar 東京都千代田区神田須田町1-25-4 マーチエキュート神田万世橋 1F-S10 TEL：03-4362-0377

日本初のノンアルコールジン

　自然由来の素材を原料に、人工香料や保存料を無添加で造った日本初のノンアルコールジン「Non-Alcoholic Gin NEMA 0.00%」が2018年12月に発売され、話題になりました。プロデュースしたのは、クラフトジンの品揃えでも定評のある横浜のバー「Cocktail Bar Nemanja」を営む北條智之さん。お店の名前（セルビアのバイオリニスト、ネマニャ・ラドゥロヴィチに由来）とセルビア語で「ゼロ」「無い」を意味する"NEMA"から名付けられました。

　開発に着手したきっかけは2014年、日本アロマセラピー学会での講演を依頼されて登壇したこと。未病プロジェクトとして病院のラボで研究を重ねていく中でエッセンシャルオイルや芳香蒸留水の作り方を知り、これらをブレンドしたらノンアルコールジンが造れるのではと考えました。翌年には、イギリスで世界初のノンアルコールスピリッツ「SEEDLIP」がリリースされます。

　「それから徐々にノンアルコール商品も増えてきましたが、ジンからアルコール分を抜いて造るといった、自分が目指す製法とは異なるものでした。ならば、自分が考えた形で商品を出しても面白いかもしれないと」（北條さん）

北條さんがイメージしていたのは、ボタニカルを個別に蒸留して得られる芳香蒸溜水をブレンドする方法でした。一度にまとめて蒸留するのではなく、それぞれの素材に適した温度帯や処理法で蒸留した後に調合します。

　「植物を蒸留して常温で管理した場合、どうなるのか。食品分析センターでも調べて頂くことはできますが、実際に自分の目できちんと確かめたくて店でボタニカルの経時変化を分析しました。開発していく過程で、そこに最も時間をかけましたね。澱が出るのは煮沸していないからなのか、フィルターに原因があるのかなどを検証していくと、常温でも問題なく管理できたのが抗菌作用のあるボタニカルでした。それらを組み合わせれば保存料や添加物無しでも商品化できるのでは、と。いまスタンダード品としてリリースしているものは、抗菌作用の高い数種類の芳香成分が入っています」(北條さん)

最初にリリースされた「Non-Alcoholic Gin NEMA 0.00% First Edition」(左)と「Non-Alcoholic Gin NEMA 0.00% Distiller's Cut 2018」(右)。ディスティラーズカットは限定品として年に一度発売されている。

「水にボタニカルの風味を付ける難しさも実感しましたね。アルコールなら蒸留時に植物の精油分が溶けてくれますが、水はそれができない。蒸留するとほのかに香りが付いたフローラルウォーターと精油に分かれて出てくるのですが、精油を特殊なフィルターにかけて除去しなければなりません。アルコールと比べて倍以上のボタニカルを使用しますし、さらにオーガニックの素材はコストがかかります」（北條さん）

やがてノンアルコールジンの蒸留技術と基本レシピが整ったものの、製造を委託できる蒸留所が神奈川県にはありませんでした。

「清涼飲料水を製造する工場をいくつも訪ねて、自分が考えるノンアルコールジンの製法を伝えたのですが、フレーバーウォーターと同じような製法を勧められるばかりで。もう難しいのかなと諦めかけた時、以前バラの抽出で相談に伺った長野県のアサオカローズさんを思い出したんです。最初は断られましたが、なんとか説得して商品化できることに。構想から4年が経っていました」（北條さん）

オーバーナイトセンセーション（左）とゴルムハマディ（右）。共にアサオカローズが所有する標高1000mのバラ園（約600坪）で育てられている。オーバーナイトセンセーションが宇宙で開花した10月29日は、奇しくも「Cocktail Bar Nemanja」の開店日と同じで「縁を感じる」と北條さん。

アランビック蒸留器と純引蒸
留器を使い分けて蒸留し、ボタ
ニカルごとにハイドロ式蒸留、
スチーム式蒸留、温度、回収
量などを変えている。

　2019年に製造特許の出願、翌年取得へ。ほかに
ない製法とレシピが認められました。キーボタニカルと
なる2種類のバラは、宇宙空間で初めて開花した花と
して知られる「オーバーナイトセンセーション」と、人類
が初めて蒸留した薔薇の品種といわれるダマスク系
の「ゴルムハマディ」。ジンに欠かせないジュニパーベ
リーは、フレッシュなパイナップル香を持つマケドニア
産を使用しており、オーバーナイトセンセーションと合わ
せるとバナナを思わせる香りに変化するのだとか。さら
にラベンダー、カルダモン、コリアンダーシードを加えた

6種類でスタンダード品が構成されています。
　また、蒸留時に使用する水はアサオカローズの目の
前に広がる八ヶ岳山麓の無垢な源流の湧き水。pH7
〜7.1の弱アルカリ性で人間の体液に近く、身体へ
の刺激が少ないといいます。蒸留からラベル貼りまで
すべての工程を手作業で行う、クラフト感溢れるノン
アルコールジン。現在はスタンダード品のほかにアブ
サンタイプ、ウイスキータイプ、オールドトムタイプが定
番品としてラインナップし、年に一度ディスティラーズ
カット版が限定でリリースされています。

世界が変わる、
ノンアルコールアイテム

モクテルやローアルコールカクテルに使えるノンアルコール商品が、国内でも徐々に増えてきました。その中からノンアルコールジン、シュラブ、ノンアルコールの日本酒とワイン、木のシロップと10種類を厳選。いずれもノンアルコール専門のECサイト「nolky」、酒類やバーツールを取り揃えたセレクトショップ「Bartender's General Store」から入手できます。

ノンアルコールジン ネマ
0.00% スタンダード

500ml 3,200円(税込)

無農薬で栽培した2種類のバラ（オーバーナイトセンセーション、ゴルムハマディ）とジュニパーベリー、コリアンダーシード、カルダモン、ラベンダー、そして八ヶ岳山麓源流の湧き水を原料に造られた日本初のノンアルコールジン。ジントニックはもちろん、ジンリッキーやジンフィズにも。また、アルコール入りのジンとネマを1:1でベースにして、香りを楽しむローアルコールのギムレットに。

ノンアルコールジン ネマ
0.00% アブサン

500ml 3,400円(税込)

キーボタニカルのひとつ、ニガヨモギはアサオカローズで無農薬栽培した「アルテミシア・アブシンチウム」を使用。そのほか、スターアニス、フェンネル、オーバーナイトセンセーション、ブラックペパーミント、セージ、ローズマリー、カルダモン、ジュニパーベリーを配合している。モヒートやネグローニ、フレンチペア（ペアジュース割り）で。精油を含まないため、加水しても白濁しない。

ノンアルコールジン ネマ
0.00% オールドトム
500ml 3,400円（税込）

ニッキから抽出した芳香蒸留水をブレンドし、オールドトムジンの特徴である甘さを表現。さらにゴルムハマディ、ジュニパーベリー、カルダモン、コリアンダーシード、レモングラスをブレンドし、スパイシーで優しい味わいの爽やかなノンアルコールジンに仕上げた。ジンソニック（ソーダ＋トニックウォーター割り）や、ビッグアップル（アップルジュース割り）がお勧め。

ノンアルコールジン ネマ
0.00% ウイスキー
500ml 3,240円（税込）

ウイスキーを模して造られたノンアルコールジン。ピーテッドモルトとホワイトオークでウイスキーのような香りを表現し、ブラウンカルダモンでよりスモーキーさを引き立たせている。2種類のバラとジュニパーベリーのほか、カカオ、ワイルドカルダモン、ナツメグ、マジョラムを配合。マミーテイラー（レモン＋ジンジャーエール割り）や、ストーンフェンス（アンゴスチュラビターズ＋シードル割り）に。

/shrb
シュラブ オリジナル
250ml 550円(税込)

果物やハーブを漬け込んだビネガーに、さらに果物
やボタニカルでフレーバー付けした「シュラブ」。その
シュラブに果汁を加えたRTD飲料として造られたの
がこのブランド。昆布だし、ドライハーブ、みかんの香
り。全体的に丸い味わいで、ビネガーの酸が余韻に
アクセントをつけている。トマトジュース割りや、ライム
を搾ってミストスタイルに。また、フルーツカクテルに
加えると味わいに輪郭が出る。

/shrb
オレンジ&ジンジャー
250ml 550円(税込)

すりおろした生姜と華やかなバラの風味、オレンジ
ピールのアロマ、オレンジキュラソーを彷彿させる味
わい。グリーンレモン、アニス、シナモン、ジンジャー、
キャロット(ボイル)。はっきりとしたオレンジのフレー
バーをシトラスの苦味とジンジャーが引き締めている。
そのままでも勿論のこと、カルピスと1：1で割っても
美味しい。

ヴィンテンス シャルドネ

750ml 1,400円(税込)

ワインを醸造し、その味わいを壊さないように独自の
低温低圧で蒸留してアルコール分を除去したノンアル
コールワイン。1895年に設立した老舗のシード
ルメーカー、スタッセン社 (ネオブュル社) が造ってい
る。少し甘みのあるリンゴやレモンの香りが爽やか。
白ブドウを代表する品種「シャルドネ」ならではの複
雑感のある果実味と、しっかりとした酸が充分に感じ
られる。

ジョエア

オーガニック スパークリング シャルドネ

750ml 1512円(税込)

フランスのワイナリー「ドメーヌ・ピエール・シャヴァン」
とワイン専門商社のエノテカが共同開発した、アル
コール度数0.1%未満のスパークリングワインテイス
ト飲料。オーガニックで栽培されたブドウを使用し、
独自製法により低カロリーを実現した。繊細かつ持
続性のあるクリーミーな泡、柑橘系の果物のニュア
ンスのあるフレッシュな余韻が楽しめる。

月桂冠
スペシャルフリー
245ml 390円（税込）

大吟醸酒のテイストをイメージして、日本酒の原料である米や米麹を一切使わずに造られたノンアルコール飲料。大吟醸酒に特有のフルーティなフレーバーを活用し、甘味や旨味を与えるアミノ酸を配合することで味わいにコクを持たせている。大吟醸酒と同様に冷やして飲むのがお勧め。また、刻んだライムと砂糖を加えてカイピリーニャ風に。

軽井沢 木（食）人
FOREST SYRUP
250ml 1,931円（税込）

軽井沢・離山に生息する、香り高い木々の食用化を目指す木食ブランド「木（食）人」（もくしょくじん）の第一弾商品。モミ、アカマツ、カラマツ、アブラチャン、ヒノキといった軽井沢で採れる5種などを蒸留し、シロップに仕上げた。森に入った瞬間の抜けるような爽やかさを凝縮した味わい。ソーダ割りや、ライムとミントを加えてモヒートスタイルに。「森林を飲む」という新しい体験ができる。

アルコール度数(ABV)について

日本の酒税法によると、アルコール度数1%以上の飲料が「酒類」と定義されています。本書では、加水前の状態でアルコール度数が1%未満のものを「モクテル」、1%〜10%以下を「ローアルコールカクテル」と位置付けました。作り手のシェイクやステアの仕方、氷の形や数などによって加水量が変わり、アルコール度数が左右されるためです。よって、完成したカクテルは表記されている度数よりも総じて低くなります。

カクテルレシピ再現難易度

これから始まるカクテルレシピ紹介ページで、アルコール度数の下に記載された星の数(★〜★★★)は、再現難易度を表しています。最も再現しやすいレシピが★で、★★〜★★★と数が増えるほど難易度が高くなります。難易度は、各バーテンダーさんが創作された10作品の中での相対的な評価となります。

材料の単位

1tbsp(テーブルスプーン) = 約15ml(大さじ1杯)

1tsp(ティースプーン)　　= 約5ml(小さじ1杯)

1dash(ダッシュ)　　　　= 約1ml(ビターズボトルをひと振りした量)

1drop(ドロップ)　　　　= 約1/5ml
　　　　　　　　　　　　　　(ビターズボトルを逆さにした際、自然に落ちる1滴)

※カクテルメイキングに関わる材料や道具、手法等の専門的な用語に
　関しては、巻末329ページからのカクテル用語解説をご参照ください。

Mocktail
&
Low-ABV Cocktail
Recipes

CASE.01

The Peninsula Tokyo Peter: The Bar

Mari Kamata

Peter: The Bar

江戸パレス
EDO Palace

ABV 0%

★ ☆ ☆

八朔のほのかな苦味が心地よい

MOCKTAIL RECIPE

材 料

八朔ジュース	60ml
ミント	1茎
生姜シロップ	10ml
トニックウォーター	60ml

ガーニッシュ

抹茶	適量
ミント	適量

作り方

❶ 抹茶でグラスをハーフリムする。

❷ ティンにミントを入れて軽く潰し、八朔ジュースと生姜シロップを加えてステアする。

❸ ❶に氷を入れて、❷を注ぐ。

❹ トニックウォーターを加えて、軽く混ぜる。

❺ ミントを飾る。

バーテンダー談 どんな モクテル?

当店のシグネチャーモクテルとして創作した作品です。ザ・ペニンシュラ東京の場所がかつて江戸城の一角にあったことから着想しました。徳川家康が江戸に入府したのが、天正18年(1590年)8月1日。この日が「八月朔日」と呼ばれたことから八朔ジュースをベースにしています。さらに、戦国時代に強い力を蓄えるという意味で生姜を、窓越しに見える皇居外苑の緑から彷彿するミントを加えました。

ベビー東京ジョー

Baby Tokyo Joe

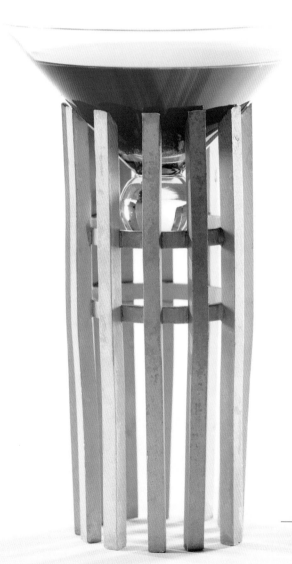

ABV 0%

★ ★ ☆

ハリウッド映画から生まれたカクテルをノンアルコールに

MOCKTAIL RECIPE

材　料

ノンアルコール梅酒	20ml
クランベリージュース	45ml
レモンジュース	10ml
トリプルセック シロップ	15ml
カルダモン	5粒

作り方

❶ シェーカーにカルダモンを入れて、ペストルでしっかりと潰す。

❷ 残りの材料をシェーカーに加えて、シェイクする。

❸ グラスに濾しながら注ぐ。

バーテンダー談 どんな モクテル？

ハンフリー・ボガート主演の映画『東京ジョー』にちなんだ、開業時からのシグネチャーカクテルをモクテルにアレンジしました。既存のレシピはジンをベースにドランブイ、梅酒、クランベリージュース、レモンジュースを加えてシェイクしたもの。ジンやドランブイを使わずに潰したカルダモンを加えて、複雑でスパイシーなフレーバーを与えました。盃をモチーフにしたグラスや色合いはもとのカクテルと同じで、その雰囲気を味わって頂けます。

Peter: The Bar

エピスルージュ
Epice Rouge

ABV 0%

★ ★ ★

赤ワインを連想させる一杯

MOCKTAIL RECIPE

材　料

スパイスカルピス※	30ml
葡萄ジュース	30ml
トニックウォーター	30ml

ガーニッシュ

ラズベリー	1個
スペアミント	1枚

作り方

❶ スパイスカルピスと葡萄ジュースをシェイクして、氷を入れたリキュールグラスに注ぐ。

❷ トニックウォーターを加えて、軽く混ぜる。

❸ ラズベリーとミントをピックに刺して、❷に飾る。

※［スパイスカルピス］
材料：カルピス 1000ml／ピンクペッパー 15g／コリアンダーシード 15g／グリーンカルダモン 20g
① スパイスをペストルでしっかりと潰して、カルピスに浸け込む。
② 24時間経ったら、濾す。

バーテンダー談 どんなモクテル？

フランス語で「エピス」はスパイス、「ルージュ」は赤。ワインに使われる品種をブレンドした葡萄ジュースにスパイスを浸け込んだカルピスとトニックウォーターを混ぜた、赤ワインを連想させるモクテルです。本来ならワイングラスで提供したいのですが、サイズ感の合うリキュールグラスで。2017年に開催された「Cocktail Re Creation　モクテルコンペティション」優勝作品です。

生姜 & レモングラス

Ginger & Lemongrass

ABV 5%

★ ★ ★

オリエンタルなアフタヌーンティーを

COCKTAIL RECIPE

材　料

ジン	20ml
生姜スライス	3枚
フレンチレモンジンジャー ティー	130ml
レモンジュース	5ml
洋梨シロップ	5ml
トニックウォーター	30ml

作り方

❶ ティンに生姜を入れてペストルで軽く潰し、トニックウォーター以外の材料を加えてステアする。

❷ 氷を入れたグラスに❶を注ぐ。

❸ トニックウォーターを加えて、軽く混ぜる。

バーテンダー談　どんなカクテル？

オーガニックのレモングラスや生姜をブレンドしたスパイシーなハーブティー「フレンチレモンジンジャー ティー」を主軸に、さらっとした口当たりで召し上がって頂けるよう仕上げました。ジンを構成するボタニカルが爽やかなフレーバーを与え、全体的にオリエンタルな雰囲気を醸し出す一杯になっていると思います。アフタヌーンティーとしてもお勧めです。

スパイシーフィズ

Spicy Fizz

ABV 0%

さまざまなスパイスが飛び込んでくる

MOCKTAIL RECIPE

材　料

グリーンカルダモン	6粒
ピンクペッパー	20粒
コリアンダーシード	20粒
ライムジュース	15ml
トリプルセック シロップ	20ml
トニックウォーター	適量

ガーニッシュ

ライムスライス	1枚

作り方

❶ シェーカーにカルダモン、ピンクペッパー、コリアンダーシードを入れて、ペストルでしっかりと潰す。

❷ ライムジュースとシロップを加えてシェイクし、氷を入れたグラスに濾しながら注ぐ。

❸ トニックウォーターで満たして、軽く混ぜる。

❹ ライムスライスを飾る。

バーテンダー談 どんな モクテル？

「ノンアルコールでスパイシーな飲み物を」というお客さまのご注文から生まれた作品です。「エピスルージュ」（p.36）の仕込み用だったスパイスを活用して、フィズスタイルに仕上げました。モクテルのレシピで何か物足りないと感じたときはシンプルシロップではなく、オレンジピールがほのかに香るトリプルセックシロップを加えることが多いです。20ml使ってもフレーバーが前面に出過ぎず、全体のバランスを整えてくれます。

ローズ & ローズマリー

Rose & Rosemary

ABV 5%

★ ★ ☆

名前と色合いから思いついた直感的な組み合わせ

COCKTAIL RECIPE

材　料

ウイスキー	20ml
クランベリージュース	15ml
レモンジュース	1tsp
ローズシロップ	10ml
ローズマリー	3cm
セージ	2枚
ソーダ	適量

ガーニッシュ

ローズマリー	1本

作り方

❶ シェーカーにローズマリーとセージを入れて、ペストルで潰す。
❷ ウイスキー、クランベリージュース、レモンジュース、ローズシロップを加えて、シェイクする。
❸ 氷を入れたグラスに❷を濾しながら注ぐ。
❹ ソーダで満たして、軽く混ぜる。
❺ ローズマリーを飾る。

バーテンダー談 どんなカクテル？

ローズとローズマリー、共に同じ名が付いているのだから合うのではないかという発想から作ったモクテルに、ウイスキーを加えた一杯です。私は色合いから材料を選ぶことがあり、このカクテルもピンクにウイスキーの茶色を混ぜたら可愛らしい感じになると考えました。ベースのウイスキーは、なめらかな味わいのブレンデッドスコッチがお勧め。ウイスキーだけでなく、ブランデーでも合います。

アップル & アニス

Apple & Anise

ABV 0%

★ ★ ☆

リンゴとスパイスの相性の良さから考案

MOCKTAIL RECIPE

材 料

リンゴジュース	80ml
レモンジュース	5ml
シンプルシロップ	5ml
五香粉	1/2tsp

ガーニッシュ

スターアニス	1個

作り方

❶ 材料をシェイクして、濾しながらグラスに注ぐ。
❷ スターアニスを飾る。

バーテンダー談 どんな モクテル？

アップルパイやコンポートの材料にシナモンやクローブが使われているように、リンゴとスパイスの相性はとても良いですよね。そこでリンゴジュースをベースに、主に中華料理で使われる「五香粉」を少量加えました。五香粉はスターアニス、花椒、クローブ、シナモン、フェンネルなどを混ぜたスパイス。特にアニスのフレーバーが強く出ているので、ガーニッシュにも使ってさらに香りを引き出しています。

柚子 & 洋梨
Yuzu & Poire

ABV 5%

★ ☆ ☆

柚子独特のスパイシーな余韻がのびる

COCKTAIL RECIPE

材料

テキーラ	20ml
柚子ジュース	10ml
洋梨シロップ	10ml
ソーダ	適量

ガーニッシュ

レモンスライス	1枚

作り方

① ソーダ以外の材料をシェイクして、氷を入れたグラスに注ぐ。

② ソーダで満たして、軽く混ぜる。

③ レモンスライスを飾る。

バーテンダー談 どんなカクテル？

レモンやライムに比べてややスパイシーなフレーバーを感じる柚子は、洋梨のような丸みを帯びた味わいのフルーツと相性が良く、さらに青っぽい味わいのテキーラを加えるとまとまります。もともと「ゼロプルーフ」のメニューとしてご提供していたモクテルのレシピにテキーラを加えているので、テキーラを抜いたモクテルとしても美味しく召し上がれます。テキーラは、樽での熟成期間が2か月未満の「ブランコ」を。

Peter: The Bar

ベビー マンゴー ベリーニ
Baby Mango Bellini

ABV 0%

★ ☆ ☆

マンゴープリンをモクテルで表現

MOCKTAIL RECIPE

材料

マンゴージュース	30ml
ココナッツシロップ	5ml
ノンアルコール スパークリングワイン	90ml
グレナデンシロップ	1tsp

作り方

❶ マンゴージュースとココナッツシロップをグラスに入れて、ステアする。

❷ ノンアルコールスパークリングワインを加えて、軽く混ぜる。

❸ グレナデンシロップをドロップする。

［ベリーニのスタンダードレシピ］
材料：スパークリングワイン 40ml ／ピーチネクター 20ml ／グレナデンシロップ 1dash

① シャンパングラスにピーチネクターとグレナデンシロップを入れて、ステアする。

② スパークリングワインで満たして、軽く混ぜる。

バーテンダー談 どんな モクテル?

ザ・ペニンシュラ東京の代名詞的存在でもある、オリジナルスイーツ「マンゴープリン」をモクテルで表現しました。桃とスパークリングワインのカクテル「ベリーニ」のツイストです。マンゴープリンにスプーンを入れるとココナッツソースが中から現れることから、ココナッツシロップを加えました。マンゴーの爽やかな甘酸っぱさとココナッツの濃厚なソースが絶妙に絡み合うマンゴープリンは、当ホテルの人気商品。是非、こちらのモクテルもお試しください。

エルダーフラワー & ミント
Elderflower & Mint

ABV 5%

★ ★ ☆

レモンの酸味とミントが効いた爽快なモヒート

COCKTAIL RECIPE

材　料

ラム	20ml
エルダーフラワー コーディアル	10ml
レモンジュース	10ml
ミント	適量
トニックウォーター	適量

ガーニッシュ

レモンピール	1片

作り方

❶ ティンにミントを入れて、ペストルで潰す。
❷ ラム、エルダーフラワー コーディアル、レモンジュースを加えてステアし、氷を入れたグラスに注ぐ。
❸ トニックウォーターで満たして、軽く混ぜる。
❹ レモンピールをかけて、グラスの中に入れる。

[モヒートのスタンダードレシピ]
材料：ラム 45ml ／ライム 1/2個／ミント 10 ～ 15枚／砂糖 2tsp ／ソーダ 適量
ガーニッシュ：ミント 適量
① タンブラーに、ライムを搾り入れる。
② ミントと砂糖、ソーダを加えて、砂糖を溶かしながらミントを潰す。
③ クラッシュドアイスを詰めて、ラムを注ぎ、充分にステアする。
④ ミントを飾り、ストローを挿す。

バーテンダー談 どんなカクテル？

マスカットのようなフレーバーを感じるエルダーフラワーをフルーツと見立て、何かハーブを組み合わせて作ってみようと考えたモヒートのツイストです。"万能の薬箱"と呼ばれ、優しくフルーティな香りのエルダーフラワーと清涼感のあるミントは相性が良く、フレッシュな風味をお楽しみ頂けます。ベースは、基本的に熟成させていない無色透明のホワイトラムで。

ザ・ペニンシュラ東京 Peterバー

Bartender
鎌田真理

2007年9月、ザ・ペニンシュラ東京のオープン時よりシニアバーテンダーとしてバー全体を統括する。これまで国内外の様々なカクテルコンペティションで受賞し、2009年にはディアジオ社主催「ワールドクラス カクテルコンペティション」日本大会にて優勝。日本代表としてロンドンで開催された世界大会に出場し、サービスシアターチャレンジで1位、総合2位となる。2017年6月に館内すべての直営レストランと宴会のドリンク類を統括するビバレッジマネージャーに就任。ソムリエ・喇酒師の資格保有。

Bar info

ザ・ペニンシュラ東京 Peterバー　東京都千代田区有楽町1-8-1 ザ・ペニンシュラ東京 24F　TEL：03-6270-2888

Mocktail
&
Low-ABV Cocktail
Recipes

CASE.02

BAR NEKOMATAYA
Hirohito Arai

モクテル モスコ

Mocktail Moscow

ABV 0%

★ ☆ ☆

シロップや割り材でバラエティ豊かに

MOCKTAIL RECIPE

材　料

モスコミュール シロップ (北岡本店 ジャパニーズ H&G)	50ml
ソーダ	100ml
ライム	1/8個

ガーニッシュ

生姜スライス	1枚
ローリエ	1枚

[モスコーミュールのスタンダードレシピ]
材料：ウォッカ 45ml ／ライムジュース 15ml ／ジンジャービア 適量
① 氷を入れたマグ（またはタンブラー）に、ウォッカとライムジュースを注ぐ。
② ジンジャービアで満たして、軽くステアする。

作り方

❶ 氷を入れた銅製マグに材料を注いで、軽く混ぜる。
❷ ガーニッシュを飾る。

バーテンダー談 どんな モクテル？

スタンダードカクテルの「モスコーミュール」をノンアルコールで手軽に楽しめるレシピです。モスコミュール シロップを30mlにして、柚子やみかん、梅などのフルーツシロップを20ml加えれば、フルーティなモスコーミュールに。寒い日には、ソーダをお湯や紅茶に変えても良いですね。その場合、シロップ40mlに対してお湯や紅茶を120mlの分量に変えてください。紅茶はダージリンやアールグレイなど、お好みで。

グレープ エスプレッソ

Grape Espresso

ABV 0%

★ ☆ ☆

程よい苦味の中に甘い香りが漂う

MOCKTAIL RECIPE

材　料

ぶどうジュース
（ココ・ファーム・ワイナリー 果汁100%濃縮還元） ……… 45ml

エスプレッソ ……………………………………………… 45ml

シンプルシロップ ………………………………………… 10ml

ガーニッシュ

タイム ……………………………………………………… 2本

作り方

❶ 材料をシェイクして、シャンパングラスに注ぐ。

❷ 氷を1つ入れる。

❸ タイムを飾る。

バーテンダー談　どんなモクテル？

もともと「エスプレッソ マティーニ」にペドロヒメネス（甘口のシェリー）を使っていたことから、エスプレッソとブドウを合わせてモクテルを作ろうと思い付きました。"クレマ（※）"が出来るよう、できればシェイクで作りたいところですが、難しければ材料をしっかりかき混ぜるだけでもOK。エスプレッソは、アイスコーヒー（無糖）でも代用できます。タイムを飾ると、ブドウの果実感とエスプレッソの香ばしさの中に爽やかさが加わり、味わいの幅が広がります。　　　　　　　　　　　　　　　　※クレマ…エスプレッソ特有の泡立ち。

桜ソルティドッグ
Sakura Salty Dog

ABV 4.5%

パールパウダーが揺らめく幻想的なソルティドッグ

COCKTAIL RECIPE

材 料

アフロディーテ さくら	60ml
グレープフルーツ ジュース	
(トロピカーナ グレープフルーツ 濃縮還元100%)	60ml

ガーニッシュ

桜塩	適量

[ソルティドッグのスタンダードレシピ]

材料：ウォッカ 45ml ／グレープフルーツ ジュース 適量

① 塩でリムしたオールドファッションド グラスに氷を入れ、材料を注いでステアする。

作り方

❶ 桜塩でオールドファッションド グラスをハーフリムする。

❷ 氷を入れて、アフロディーテ さくらを注ぐ。

❸ グレープフルーツ ジュースを静かに加える。

❹ 細いストローを添える。

バーテンダー談 どんなカクテル？

桜がやさしく香るリキュールを使ったソルティドッグのツイストです。リキュールにジュースを静かに重ねて2層のカクテルにしても良いですし、最初から混ぜてしまってもかまいません。添えたストローは、マドラー代わり。混ぜるとリキュールに入っているパールパウダーがキラキラと揺らめいて、幻想的な雰囲気になります。春に咲く桜を思わせるピンク色が華やかな一杯です。

BAR NEKOMATAYA

マリルー
Marilou

ABV 0%

★ ☆ ☆

鮮やかなピンクペッパーの縁取りが映える

MOCKTAIL RECIPE

材 料

パイナップル ジュース	50ml
モスコミュール シロップ（北岡本店 ジャパニーズ H&G)	15ml
ライムジュース	5ml
トニックウォーター	50ml

ガーニッシュ

ピンクペッパー	適量
ライム	1/8個

作り方

❶ ピンクペッパーをすり潰して粉末状にし、ふるいにかけて種を取り除く。

❷ カットしたライムでグラスの縁を濡らして、❶でリムする。

❸ トニックウォーター以外の材料と氷を❷に入れて、ステアする。

❹ トニックウォーターを注いで、軽く混ぜる。

[マリルーのスタンダードレシピ]
材料：パイナップル ジュース 50ml ／ジンジャーシロップ 10ml ／ライムジュース 5ml ／トニックウォーター 50ml
① カットしたライムでグラスの縁を濡らし、粉末状にしたピンクペッパーでリムする。
② トニックウォーター以外の材料と氷を①に入れて、ステアする。
③トニックウォーターを注いで、軽く混ぜる。

バーテンダー談 どんな モクテル？

2013年、フランス・パリ「ル・コック」のバーテンダーがシュウェップス社の主力商品であるトニックウォーターのために考案したモクテル「マリルー」。もとのレシピにあるジンジャーシロップをモスコミュールシロップに変えて、複雑なスパイシー感をプラスしました。ピンクペッパーの色合いが、見た目のアクセントになっています。ピンクペッパーはすり潰さずに、そのまま5粒をグラスに入れて提供しても。

BAR NEKOMATAYA

ヌテラ

Nutella

ABV 0%

★ ★ ☆

ブレンダーがなくても作れるフローズンモクテル

MOCKTAIL RECIPE

材料

ヌテラ	50g
エスプレッソ	90ml
シンプルシロップ	20ml
生クリーム（植物性）	30ml

ガーニッシュ

ミント	1茎

作り方

❶ ジッパー付き保存袋に材料を入れ、空気を抜いて封をする。

❷ バットにのせて、冷凍庫で30分ほど冷やし固める。

❸ 冷凍庫から取り出し、手でよくもみほぐす。

❹ 再度冷凍庫で30分ほど冷やし固め、手でよくもみほぐす。

❺ グラスに盛り付ける。

バーテンダー談 どんな モクテル？

イタリア発祥のヘーゼルナッツ×チョコレートのスプレッド「ヌテラ」。現地で人気がある
ヌテラ風味のジェラートをモクテルで表現しました。ブレンダーがなくても作れるフローズ
ンモクテルで、氷を一切使わないので濃厚です。味わいが単調になるのを避ける苦味
の役割と、フローズンに必要な水分量を補充するためにエスプレッソを加えました。うま
く固まらない時は、再度冷凍庫で冷やして様子を見てください。

カオニャオ マムアン

Mango Sticky Rice

ABV 0%

★ ★ ☆

甘酒を使ってタイの定番スイーツを和風に

MOCKTAIL RECIPE

材 料

マンゴー(冷凍)	50g
ココナッツミルク	40ml
シンプルシロップ	10ml
甘酒(宝来屋 冷やしあま酒)	80ml

作り方

❶ マンゴー、ココナッツミルク、シンプルシロップ、甘酒40ml
　をブレンダーで撹拌する。

❷ 残りの甘酒40mlを加えて、マドラーで軽く混ぜる。

❸ ワイングラスに氷を入れて、❷を注ぐ。

バーテンダー談 どんな モクテル?

ココナッツミルクで炊いたもち米に、マンゴーを添えるタイの定番スイーツ「カオニャオ
マムアン」を食べた時の感動を伝えたくて、モクテルにしてみました。もち米の食感を再
現できるよう、粒が入っているタイプの甘酒を選んでいます。ブレンダーに甘酒をすべて
入れずに後から半量加えているのは、その食感を活かすため。日本の甘酒を用いた、
和風カオニャオ マムアンです。

BAR NEKOMATAYA

みかんアイ酢ティ

Mikan Iced Tea

ABV 0%

★ ★ ☆

葡萄酢が味わいにコクと奥行きをあたえる

MOCKTAIL RECIPE

材　料

みかんシロップ（北岡本店 ジャパニーズみかん）	50ml
ぶどう酢 （ココ・ファーム・ワイナリー ベルジュ風＊葡萄酢）	15ml
アイスティ（無糖）	100ml

ガーニッシュ

みかんスライス	適量
みかんの葉（丸くカットしたもの）	1枚
タイム	1本

作り方

❶ 氷を入れたタンブラーに材料を注いで、軽く混ぜる。

❷ ガーニッシュを飾る。

バーテンダー談 どんな モクテル？

甘味が強い果実系のシロップに酸味を加える際、レモンやライムなどの柑橘ではなく酢を使うと味がしまります。果汁ではない、方向性の違う酸味を入れて味わいにコクと奥行きを出すイメージですね。写真では先にみかんシロップを入れて、その上からアイスティをゆっくり注いでグラデーションを作っています。紅茶の代わりに同量のソーダで割っても美味しく召し上がれます。

ヴァンショー
Vin Chaud

ABV 3%

★ ★ ☆

寒い日に飲みたい手軽なホットワイン

COCKTAIL RECIPE

材　料

赤ワイン（ココ・ファーム・ワイナリー 農民ロッソ）	40ml
モスコミュール シロップ （北岡本店 ジャパニーズ H&G）	15ml
みかんシロップ（北岡本店 ジャパニーズみかん）	15ml
ぶどうジュース （ココ・ファーム・ワイナリー 果汁100%濃縮還元）	80ml

ガーニッシュ

オレンジスライス	1枚
八角（お好みで）	1個

作り方

① 鍋に材料を入れて、中火で温める。
② 沸騰直前に火を止めて、耐熱グラスに注ぐ。

バーテンダー談 どんなカクテル？

赤ワインにフルーツやスパイスを入れて煮るホットワイン「ヴァンショー」を簡単に、飲みやすく作りました。シナモン、クローブ、生姜などを入れる工程はモスコミュール シロップで、オレンジや砂糖はみかんシロップで代用しています。さらに、ローアルコールにするため赤ワインの分量を減らしてブドウジュースを加えました。鍋ではなく、レンジで加熱（600w、約1分）しても美味しく作ることができます。

イスパハン

Ispahan

ABV 4.6%

★ ★ ★

バラの氷で飲むイスパハン

COCKTAIL RECIPE

材 料

アフロディーテ レッド	20ml
ライチリキュール(カイフェ ライチ)	15ml
グレープフルーツ ジュース (ウェルチ ピンクグレープフルーツ 濃縮還元100%)	60ml
ミックスベリー フルーツミックス(モナン)	10ml

ガーニッシュ

薔薇の形をした氷	1個

作り方

❶ オールドファッションド グラスに、薔薇の氷を入れる。
❷ 材料をシェイクして、❶に注ぐ。

バーテンダー談 **どんな** カクテル？

パティスリー界のピカソ、ピエール・エルメ氏の代表作「イスパハン」から着想しました。イスパハンはバラ風味のクリームとライチ、フランボワーズの酸味がマッチした甘美なマカロンですが、そのままドリンクに落とし込むのではなく、グレープフルーツ ジュースを加えて飲みやすい口当たりに仕上げています。ピエール氏自身が「一生に一度は食べてもらいたい味」と話すイスパハン。カクテルでも試してみませんか？

BAR NEKOMATAYA

ユートピア
Utopia

ABV 4.5%

★ ★ ★

ハーバルな香りとフルーティな味わいのギャップを楽しんで

COCKTAIL RECIPE

材 料

ティアラ ジャスミン	20ml
アップルジュース(ドールアップル 濃縮還元100%)	40ml
グレープフルーツ ジュース (トロピカーナ グレープフルーツ 濃縮還元100%)	30ml
レモンジュース	5ml

ガーニッシュ

カルダモン ビターズ	2drops
ドライアップル スライス	1枚
ローズマリー	1本
ローリエ	1枚

作り方

❶ バルーングラスにカルダモン ビターズをリンスする。
❷ 材料をシェイクして、❶に注ぐ。
❸ 大きめの氷を2〜3個加えて、ガーニッシュを飾る。

バーテンダー談 どんな カクテル?

ハーバルな香りからは想像がつかない、フルーティな味わい。ローズマリーやローリエ、カルダモンの清涼感は森林の中にいるようなリラックス効果を、ジャスミンのリキュールは華やかさと心地良い苦味をもたらします。グラスはふくよかな香りを感じられるバルーングラス、またはワイングラスで。夢とも現実ともつかない世界に入り込んだような、一杯のグラスの中に境界線を感じるカクテルを作りたくて考案しました。

BAR猫又屋
Bartender
新井洋史

1995年、父親が経営する「BAR猫又屋」に入店。
その後、2007年の「Asia Pacific Bartender of
the Year」日本代表をはじめ、国内外のコンペティ
ションで数多くのタイトルを掴む。2011年、「BOLS
AROUND THE WORLD」で日本人初となる
準優勝を受賞。NHK BS1「地球テレビ エルムン
ド」レギュラー出演や、雑誌などのメディアを通じて
カクテルの素晴らしさを伝えつつ、自身が監修する
「TEAra ティーリキュール」「APHRODITE パー
ルリキュール」シリーズといった酒類メーカーとの商
品開発にも取り組んでいる。BAR猫又屋2代目マ
スターバーテンダー。

Bar info

BAR猫又屋 栃木県足利市家富町2222-2 TEL：0284-43-2678

Mocktail
&
Low-ABV Cocktail
Recipes

CASE.03

Cocktail Bar Nemanja
Tomoyuki Hojo

Cocktail Bar Nemanja

ネマ トニック
NEMA & Tonic

ABV 0%

★ ☆ ☆

フラワリーなジントニックのモクテル

MOCKTAIL RECIPE

材　料

ノンアルコールジン（ネマ 0.00% スタンダード）………	30ml
トニックウォーター………………………………	100ml

ガーニッシュ

好みのハーブ、エディブルフラワー………………	各適量

作り方

❶ 氷を入れたバルーングラスに材料を注いで、軽くステアする。
❷ 好みのハーブやエディブルフラワーを飾る。

註：写真のガーニッシュはオレガノ、ボタンボウフウ（長命草）、パンジー、ミント、ジャスミンリーフ。

［ジントニックのスタンダードレシピ］
材料：ジン 45ml ／トニックウォーター適量
ガーニッシュ：ライム 1/6個
① 氷を入れたタンブラーにジンを注ぎ、トニックウォーターで満たして軽くステアする。
② ライムを飾る。

バーテンダー談 どんな モクテル？

バラが主な原料のノンアルコールジン「ネマ」を使った、ジントニックのモクテル。ボトルを使用する前にひと振りすると、その香りが開きます。通常のジントニックに入れるライムの代わりに、ほのかに香る程度のハーブやエディブルフラワーを。ライムを加えないほうがさまざまなボタニカルの香りが広がりますし、バラ自体にも酸味があります。トニックウォーターは、やや甘口のタイプがお勧めです。

Cocktail Bar Nemanja

ゴールデン
スプリッツ

Golden Spritz

ABV 4.3%

★ ☆ ☆

黄金色のアペロールスプリッツ

COCTAIL RECIPE

材　料

スーズ	30ml
ウコン ドリンク	20ml
ノンアルコール スパークリングワイン	45ml
ソーダ	45ml

ガーニッシュ

オレンジピール	1片
ドライオレンジ スライス	1枚
セージ	1本

作り方

❶ 氷を入れたバルーングラスに材料を注いで、軽くステアする。
❷ オレンジピールをかける。
❸ ドライオレンジとセージを飾る。

［アペロールスプリッツの
　　　　　　スタンダードレシピ］
材料：アペロール 1/2 ／プロセッコ 1/2 ／ソーダ 適量
ガーニッシュ：オレンジスライス 1枚
① プロセッコ、アペロールの順にワイングラスへ注ぐ。
② 好みでソーダを少量加えて、オレンジスライスを飾る。
（アペロール 45ml、辛口白ワイン 30ml、ソーダ 45mlの分量で、最後にアペロールを注ぐレシピもある）

バーテンダー談 どんなカクテル？

オレンジとハーブがもたらす爽やかな甘味と苦味が特徴のリキュール「アペロール」。これをスパークリングワインとソーダで割ったカクテル「アペロールスプリッツ」が世界的に流行しています。そのひとつのバリエーションとして、黄金色のスプリッツを考案しました。共に黄色く苦味のある、ハーブリキュール「スーズ」とウコンの組み合わせです。ウコンはややフレーバーが強いので、スーズよりも少なめに。スパークリングワインは甘口タイプのほうが飲みやすく仕上がります。

Cocktail Bar Nemanja

ソバー ハイボール
Sober Highball

ABV 0%

★ ☆ ☆

"シラフ"でいられるハイボール

MOCKTAIL RECIPE

材料

ノンアルコールジン（ネマ 0.00% ウイスキー） ………	30ml
ジンジャービア ………………………………	30ml
ソーダ ……………………………………	70ml

［ハイボール（ウイスキー ソーダ）の
スタンダードレシピ］
材料：ウイスキー 45ml ／ソーダ 適量
① 氷を入れたタンブラーにウイスキーを
注ぎ、ソーダで満たして軽くステアする。

ガーニッシュ

オレンジピール ………………………………	1片
ミント ………………………………………	適量
ピンクペッパー ………………………………	適量

作り方

❶ 氷を入れたロックグラスに材料を注いで、軽くステアする。
❷ オレンジピールをかけて、グラスに落とす。
❸ 好みでミントやピンクペッパーを飾る。

バーテンダー談 どんな モクテル？

スモーキーなウイスキータイプのノンアルコールジンに、ソーダとジンジャービアを加えて
ハイボールのモクテルを作りました。ジンジャービアの甘さがボディ感を、ピリッとした辛
さがアルコールのような刺激を与えてくれます。可能であれば、オレンジピールはフレイ
ムゼスト（火を使って皮のオイルを飛ばす技法）でより香ばしく。カクテル名は、あえてお
酒を飲まないライフスタイル「ソバーキュリアス」から名付けました。

Cocktail Bar Nemanja

スリー ダラー ビル

Three Dollar Bill

ABV 0%

★ ★ ★

82

バラの奥からニッキがふわっと香る

MOCKTAIL RECIPE

材 料

ノンアルコールジン(ネマ 0.00% オールドトム)	30ml
パイナップル ジュース	60ml
レモンジュース	20ml
グレナデン シロップ	10ml
アルブミナ(乾燥卵白)	1/4tsp

ガーニッシュ

バラの押し花	1輪
ローズパウダー	適量

作り方

❶ 材料をミキサーにかける。

❷ ❶をシェイクして、ソーサー型シャンパングラスに注ぐ。

❸ バラを浮かべ、ローズパウダーをふりかける。

[ミリオンダラーのスタンダードレシピ]
ジン 45ml ／スイートベルモット 15ml ／パイナップル ジュース 15ml ／グレナデン シロップ 1tsp ／卵白 1個分
ガーニッシュ:パイナップル スライス 1枚
① 材料を充分にシェイクして、カクテルグラスに注ぐ。
② パイナップルを飾る。

バーテンダー談 どんな モクテル?

横浜で生まれたといわれるカクテル「ミリオンダラー」は、もともと甘口のオールドトムジンがベースでした。材料のひとつである卵白の臭み消しとしてベルモットを入れたという流れがあり、当初は入っていなかったとか。ノンアルコールの液体に卵白を入れてシェイクするとかなり泡立つので、今回はアルブミナを使いました。少量で、シェイク後にできるパイナップルの泡が長く持続します。ニッキが香るのは、オールドトムのキーボタニカルだからです。

Cocktail Bar Nemanja

オーブ レモネード

Aube Lemonade

ABV 0%

★ ★ ★

2層のコントラストが美しい

MOCKTAIL RECIPE

材　料

ノンアルコールジン(ネマ 0.00% アブサン)	30ml
ミネラルウォーター	30ml
レモンジュース	30ml
シンプルシロップ	15ml
アールグレイ バタフライピーティー※	45ml

ガーニッシュ

ニガヨモギ	1本
スターアニス	1個
ラベンダー	1本

作り方

❶ 氷を入れたワイングラスにアールグレイ バタフライピーティー以外を注いで、軽くステアする。

❷ アールグレイ バタフライピーティーをフロートする。

❸ ガーニッシュを飾る。

※[アールグレイ バタフライピーティー]
お湯 150ml ／乾燥バタフライピー 1g ／ベルガモット ピール 1/4個分

① 乾燥バタフライピーにお湯を注ぎ、5分ほど抽出して濾す。

② ベルガモット ピールを搾り、水面に散らす。

③ ハンドミキサーなどで2分ほど攪拌し、アドバンテックフィルターで濾す。

註：ハンドミキサーがない場合、②をペットボトルに入れて数分間シェイクしても良い。振動を与えることで、ベルガモットのフレーバーが付く。

バーテンダー談 どんな モクテル？

下の白い層がレモネード、上の紫色がアールグレイ バタフライピーティー。そのまま飲むとベルガモットのフレーバーが付いたバタフライピーティーの苦味を強く感じますが、混ぜるとレモネードの甘酸味が溶け込んで飲みやすくなります。ネマ0.00%　アブサンはモヒートやフィズ、スカッシュなどで使うお店が多いと聞いてレモネードを合わせてみたところ、美味しかったので採用しました。混ぜた後の色が夜明け(Aube)の景色を連想させます。

Cocktail Bar Nemanja

エルド マンゴー ラッシー

Oeld Mango Lassi

ABV 0%

★ ★ ☆

牛乳ではなく氣水でラッシーを

MOCKTAIL RECIPE

材 料

プレーンヨーグルト	75g
マンゴーチャンク	75g
エルダーフラワーの氣水※	45ml
ミネラルウォーター	60ml
蜂蜜	20ml
クラッシュドアイス	40g

※［エルダーフラワーの氣水］
材料：乾燥エルダーフラワー 8g ／水 500ml
① 材料を80度で蒸留する。
② アドバンテックフィルターで濾す。

ガーニッシュ

レモンの葉、タイム、エディブルフラワー	各適量

作り方

❶ 材料をミキサーにかけて、コリンズグラスに注ぐ。
❷ ストローを添える。

バーテンダー談 どんな モクテル？

南国を感じる濃厚なマンゴーと、甘く華やかな香りのエルダーフラワーを合わせたラッシーです。日本ではラッシーを牛乳で作ることが多いですが、海外で使われるのはお水。そこで、氣水を用いたレシピにしました。陶器製の蒸留器を使って氣水を蒸留していますが、銅製のアランビックでも。エルダーフラワーは火をおこすのに用いられたことから、エルド（炎）が語源といわれています。

Cocktail Bar Nemanja

レッド ブリック
Red Brick

ABV 0%

★ ★ ☆

濃厚なラズベリーを感じる「ヨコハマ」

MOCKTAIL RECIPE

材料

ノンアルコールジン（ネマ 0.00% スタンダード）	20ml
ノンアルコールジン（ネマ 0.00% アブサン）	10ml
ラズベリー（冷凍）	30g
オレンジジュース	45ml
キャラメルシロップ（モナン）	10ml

ガーニッシュ

クランベリー	3個
ミント	適量

[ヨコハマのスタンダードレシピ]

材料：ジン 20ml ／ウォッカ 10ml ／オレンジュース 20ml ／グレナデン シロップ 10ml ／ペルノ 1dash

① 材料をシェイクして、カクテルグラスに注ぐ。

作り方

❶ 材料をミキサーにかける。

❷ ❶をシェイクして、ソーサー型シャンパングラスに注ぐ。

❸ ガーニッシュを飾る。

バーテンダー談 どんな モクテル？

レッドブリックは横浜の象徴的な観光地のひとつ、赤レンガ倉庫を指します。竣工したのが1911年で、スタンダードカクテルの「ヨコハマ」も同じ頃に誕生したといわれていることから、その名を付けたモクテルにツイストしました。かつてヨコハマは、グレナデンシロップではなくラズベリーシロップを使っていたそうです。また、横浜でいま人気の生キャラメルをシロップとして採用しました。

Cocktail Bar Nemanja

スロー サイドカー

Slow Sidecar

ABV 6.7%

★ ★ ☆

煮詰めたトニックウォーターがポイント

COCKTAIL RECIPE

材 料

コニャック(マーテル コルドンブルー)	5ml
グランマルニエ	5ml
レモンジュース	10ml
トニックウォーター レデュクション※	40ml

作り方

❶ 材料をステアして、カクテルグラスに注ぐ。

※[トニックウォーター レデュクション]
材料:トニックウォーター (シュウェップス)
250ml
① 手鍋にトニックウォーターを入れて、強火で加熱する。
② 泡立ち、とろみが出て約1/4量まで煮詰まったら、火を止める。
③ 粗熱を取り、ボトリングして冷蔵庫で保存する。

[サイドカーのスタンダードレシピ]
材料:ブランデー 30ml ／ホワイトキュラソー 15ml ／レモンジュース 15ml
① 材料をシェイクして、カクテルグラスに注ぐ。

バーテンダー談 どんなカクテル？

クラシックカクテルの「サイドカー」をローアルコールで創作しました。サイドカーの甘味と酸味、苦味をキープしながら香りも残せるように考えたところ、思いついたのがトニックウォーター。シェイクするとアルコール度数が低いからか味わいが固くなるため、ステアであまり冷やさずに作ります。少量しか使わないコニャックは、せっかくなので芳醇なX.O.クラス(10年以上熟成)のものを。

Cocktail Bar Nemanja

ブロンクス
ワイ ジン

Bron X.Y.Zing

ABV 4.7%

★ ★ ☆

X.Y.Z.の歴史を感じながら味わいたい

COCKTAIL RECIPE

材　料

ノンアルコールジン（ネマ 0.00% スタンダード） ……… 30ml

スイートベルモット（カルパノ アンティカ フォーミュラ） ……… 30ml

ホワイトグレープ ジュース
（アランミリア ソーヴィニヨンブラン） ……… 30ml

グレープビネガー ……… 10ml

モラセス ……… 5ml

ガーニッシュ

ブドウ ……… 1粒

野ブドウの葉 ……… 適量

［ブロンクスのスタンダードレシピ］
材料：ジン 30ml ／ドライベルモット
10ml ／スイートベルモット 10ml ／オレ
ンジジュース 10ml
① 材料をシェイクして、カクテルグラスに
　注ぐ。

［X.Y.Z.のスタンダードレシピ］
材料：ホワイトラム 30ml ／ホワイトキュ
ラソー 15ml ／レモンジュース 15ml
① 材料をシェイクして、カクテルグラスに
　注ぐ。

作り方

❶ 材料をミキシンググラスに入れて、モラセスがしっかり溶け
　るまで混ぜる。

❷ 氷を加えてステアし、カクテルグラスに注ぐ。

❸ ガーニッシュを飾る。

バーテンダー談　どんな カクテル？

ラムベースのスタンダードカクテル「X.Y.Z.」は、ジンベースのカクテル「ブロンクス」の
派生で、やがてラムベースに変化したといわれています。まずは、ラムの原料であるモラ
セス（糖蜜）をしっかり溶かしてからステアするのがポイント。そして白ワインをベースに造
られるベルモットがブロンクスのレシピに入っていることから、ジュースやビネガー、ガー
ニッシュにブドウを加えました。X.Y.Z.の歴史を感じながら、ローアルコール版をお愉しみ
ください。

Cocktail Bar Nemanja

カルーア オンデ オンデ

Kahlua Onde Onde

ABV 5.9%

★ ★ ★

94

ごま団子のカルーアミルク!?

COCKTAIL RECIPE

材料

カルーア	30ml
黒蜜	10ml
ミルク	60ml
卵黄	1個分
リキッド・リキッド・インフュージョン（液液抽出／L.L.I） 岩井の胡麻油濃口ウォッカ※	1/2tsp

ガーニッシュ

煎りゴマ	適量

作り方

❶ 材料をミキサーにかける。

❷ ❶をシェイクして、氷を入れた木製タンブラーに注ぐ。

❸ 煎りゴマを振りかける。

※［リキッド・リキッド・インフュージョン］

材料：胡麻油 15ml ／ウォッカ（スピリタス）15ml

① 材料を小瓶に入れて、一日置いておく。

② 分離したら、上澄みをスポイトで吸い上げる。

註：リキッド・リキッド・インフュージョンは、水と油のように互いに混ざり合わないものの性質を利用して分離・濃縮すること。油が下、スピリタスが上の層に分離し、油からスピリタスに溶けやすい抽出成分が移り、油に溶けやすい成分が油に残る。

［カルーアミルクのスタンダードレシピ］

材料：カルーア 45ml ／牛乳 適量

① 氷を入れたオールドファッションド グラスにカルーアを注いで、牛乳をフロートする。

② マドラーを添える。

バーテンダー談 どんなカクテル？

中華街で人気の「ごま団子」をイメージして、カルーアミルクをツイストしました。リキッド・リキッド・インフュージョンで作った、胡麻油のフレーバーウォッカがベースです。一般的なウォッカだと油より下に沈んで香りが移らないので、作る際にはスピリタスを使用してください。また、胡麻油も香りの強い濃口を選ぶことがポイントです。ほかにオリーブオイルのL.L.Iでジンフィズやギムレット、トリュフオイルでサイドカーやサゼラックを作ったりしています。

Cocktail Bar Nemanja
Bartender
北條 智之

フレアバーテンダーの世界大会に日本人として初めて
出場し、国内外で数々の優勝経験を誇るフレアバーテ
ンディングの第一人者。横浜駅直結のバー「Cocktail
Bar Marceau」の統括マネージャーを17年務めた後、
2013年10月に独立して「Cocktail Bar Nemanja」
を開店する。同年、BAR ACHIEVEMENT AWARDS
において世界で最も審査員を務めたバーテンダーとして
「Best Judge of The Year」にノミネート。ミクソロジー
にも精通し、各地でカクテルセミナーの講師を担当して
いる。一般社団法人 全日本フレア・バーテンダーズ 協
会 名誉会長、アジア・バーテンダーズ協会 相談役。

Bar info

Cocktail Bar **Nemanja**　神奈川県横浜市中区相生町1-2-1 リバティー相生町ビル6F　TEL:045-664-7305

Mocktail
&
Low-ABV Cocktail
Recipes

CASE.04

Craftroom
Ryu Fujii

Craftroom

パッションサワー
Passion Sour

ABV 0%

★ ☆ ☆

フルーツピューレを用いたシンプルなレシピ

MOCKTAIL RECIPE

材 料

パッションフルーツ ピューレ(ボワロン)	30ml
レモンジュース	20ml
シンプルシロップ	10ml
ソーダ	60ml

ガーニッシュ

ローズマリー	1本

作り方

❶ 氷を入れたタンブラーにソーダ以外の材料を注いで、ステアする。

❷ ソーダを加えて軽く混ぜ、ローズマリーを飾る。

バーテンダー談 どんな モクテル?

ソルベやムース、ゼリーといった料理に用いられるフルーツピューレは、季節を問わず豊かな果実の風味が楽しめるとても便利な食材。旬を感じるフレッシュフルーツも魅力ですが、糖度や水分量に個体差があり、扱うのが難しい場合もありますよね。キウイとミント、バナナとローズマリー、マンゴーと八角など、フルーツピューレとハーブの組み合わせでさまざまなバリエーションが考えられるシンプルなレシピです。

アーモンド モヒート

Almond Mojito

ABV 0%

★ ★ ☆

アーモンドミルクでヘルシーに

MOCKTAIL RECIPE

材料

アーモンドミルク	30ml
レモンジュース	20ml
シンプルシロップ	10ml
ミント	適量
ソーダ	45ml
アーモンドエッセンス	1dash

ガーニッシュ

ミント	適量
シナモンスティック	1本

作り方

❶ ソーダとアーモンドエッセンス以外の材料をタンブラーに入れて、マドルする。

❷ 氷を加えてステアし、ソーダを注いで軽く混ぜる。

❸ アーモンドエッセンスをかけて、ガーニッシュを飾る。

[モヒートのスタンダードレシピ]

材料:ラム 45ml ／ライム 1/2個／ミント 10 〜 15枚／砂糖 2tsp ／ソーダ 適量

ガーニッシュ:ミント 適量

① タンブラーにライムを搾り入れる。

② ミントと砂糖、ソーダを加えて、砂糖を溶かしながらミントを潰す。

③ クラッシュドアイスを詰めて、ラムを注ぎ、充分にステアする。

④ ミントを飾り、ストローを挿す。

バーテンダー談 どんな モクテル？

アーモンドとミントが香るノンアルコールのモヒートを現地キューバのスタイルにならって作った一杯です。同じラムベースのカクテル「マイタイ」に使っていた自家製のオルジェー(アーモンド)シロップをモヒートに入れてみたら美味しくて、何かほかの材料でアーモンドフレーバーをつけてみようと考えました。アーモンドミルクは牛乳や豆乳より低カロリーで、抗酸化作用のあるビタミンEが豊富なため、健康志向の人にもお勧めです。香りがやや弱いので、エッセンスで補填しています。

Craftroom

ルバーブトニック

Rhubarb Tonic

ABV 0%

★ ★ ☆

ナチュラルな味わいの自家製ジュースを使って

MOCKTAIL RECIPE

材料

ルバーブジュース※	60ml
トニックウォーター	60ml
ライムジュース	1tsp

ガーニッシュ

ライムスライス	1枚

作り方

❶ ワイングラスに氷と材料を入れて、ステアする。
❷ ライムスライスを飾る。

※[ルバーブジュース]
材料：冷凍ルバーブ 500g／水 1000ml
／グラニュー糖 100g／クエン酸 1g
① クエン酸以外の材料を鍋に入れて、火にかける（かき混ぜない）。
② 沸騰したら弱火にして、15分煮出す。
③ さらしで濾して、クエン酸を加える。
④ 粗熱を取って、冷蔵庫で保存する。

バーテンダー談 どんな モクテル？

独特の香りと酸味を持つルバーブをジュースにして、シンプルにトニックウォーターで割りました。ルバーブはペクチンを多く含むため、煮込み方次第でドロッとしたテクスチャーになります。このジュースは舌に少し残る程度の粘度に調整して、クエン酸で酸味の補正と保存性を高めました。ルバーブはもともと酸味が強いですが、加熱すると穏やかになります。

Craftroom

グレープフルーツとハーブ
Grapefruit & Herb

ABV 0%

★ ☆ ☆

ハーブの風味がフルーツに溶け込む

MOCKTAIL RECIPE

材 料

グレープフルーツ ジュース	60ml
エルダーフラワー コーディアル	10ml
レモンジュース	10ml
季節のハーブ	1本
ソーダ	30ml

ガーニッシュ

季節のハーブ	適量

作り方

❶ ソーダ以外の材料をタンブラーに入れて、マドルする。
❷ 氷を加えて、ステアする。
❸ ソーダを注いで軽く混ぜ、季節のハーブを飾る。

バーテンダー談 どんな モクテル?

その時々で手に入るハーブ(今回はローズマリー)をジュースやコーディアルと一緒にグラスの中でマドルして、その香りと味わいをしっかりと出したモクテルです。パイナップルジュースとバジルなど、フルーツとハーブは大抵合いますが、注意したいのは混ぜた後の色味。例えばクランベリーとバジルを混ぜると、赤と緑で黒くなりますよね。グラスの選定で補えることもありますが、液体の色の美しさも大事です。

Craftroom

アロマティック パープル

Aromatic Purple

ABV 5.4%

★ ★ ☆

華やかな紫色と香りを楽しんで

COCTAIL RECIPE

材 料

ルバーブジュース※1	45ml
ラベンダーウォーター※2	30ml
シンプルシロップ	5ml
シャンパン	45ml

作り方

❶ 氷を入れたワイングラスにシャンパン以外の材料を注いで、ステアする。

❷ シャンパンを加えて、軽く混ぜる。

※1［ルバーブジュース］
材料：冷凍ルバーブ 500g ／水 1000ml ／グラニュー糖 100g ／クエン酸 1g
① クエン酸以外の材料を鍋に入れて、火にかける（かき混ぜない）。
② 沸騰したら弱火にして、15分煮出す。
③ さらしで濾して、クエン酸を加える。
④ 粗熱を取って、冷蔵庫で保存する。

※2［ラベンダーウォーター］
材料：乾燥ラベンダー 2tsp ／水 100ml
① 材料を鍋に入れて火にかけ、2〜3分煮出して濾す。
② 粗熱を取って、冷蔵庫で保存する。

バーテンダー談 どんなカクテル？

同じ紫色のルバーブとラベンダーを合わせた、色と香りを楽しめるカクテル。煮るとその酸味が柔らかくなりコクが出るルバーブと、甘く華やかでフローラルなラベンダーの風味がシームレスに繋がります。仕込まなくてもその都度作れて糖分も後から足せるので、ラベンダーはシロップではなくウォーターにしました。シャンパンがなければ、イタリア産のフランチャコルタやプロセッコでも。

Craftroom

ホップ & アップル
Hop & Apple

ABV 5.5%

★ ★ ☆

京都の与謝野ホップをカクテルに

COCKTAIL RECIPE

材 料

アメリカンウイスキー（ブレット バーボン）	15ml
ホップアップル ジュース※	45ml
レモンジュース	5ml
シンプルシロップ	1tsp
ソーダ	45ml

ガーニッシュ

ドライアップル（軽く炙る）	1枚

作り方

❶ 氷を入れたタンブラーにソーダ以外の材料を注いで、ステアする。

❷ ソーダを注いで軽く混ぜ、ドライアップルを飾る。

※［ホップアップル ジュース］
材料：冷凍ホップ（カスケードやセンテニアルなどのアロマ系ホップ）30g／アップルジュース 1000ml
① 材料を鍋に入れて、沸騰させない程度（80℃くらい）で20分煮る。
② 粗熱を取って、冷蔵庫で保存する。

バーテンダー談 どんな カクテル？

京都・与謝野町で栽培されている「与謝野ホップ」を使って、何かカクテルを作れないかと考えたのが創作のきっかけです。ホップと相性が良いアップルのジュースを仕込んで、さらにアップルと合うアメリカンウイスキーをベースにしました。いまはブレット バーボンですが、これまでにプラットバレー、ミクターズ、ワイルドターキーで作ったことがあります。コーン、ライ、バーボン、どれでも合いますので、お好みのウイスキーを選んでください。

Craftroom

ラズベリー
エスプレッソ カップ
Raspberry Espresso Cup

ABV 0%

★ ★ ☆

まるで高級コーヒー豆のようなフレーバー

MOCKTAIL RECIPE

材 料

ラズベリーピューレ	30ml
シンプルシロップ	10ml
エスプレッソ	1shot(30〜45ml)

ガーニッシュ

バジル	1枚

作り方

❶ 材料をシェイクして、氷を入れたジュレップカップに注ぐ。

❷ バジルを飾る。

バーテンダー談 どんな モクテル？

ラズベリーとエスプレッソを使って、高級豆から感じられるような熟成されたベリー系の
フレーバーを表現しました。通常のエスプレッソよりも少ない湯量で淹れる"リストレット"
で、コクを加えています。ラズベリーピューレは、冷凍ラズベリー10個でも代用可能。そ
の場合、シェイクする前にシェーカーの中でマドルしてください。

ホワイトココ

White Coco

ABV 0%

★ ☆ ☆

濃厚なココナッツクリームがポイント

MOCKTAIL RECIPE

材 料

ココナッツクリーム	1tbsp
パイナップルジュース	90ml
アーモンドシロップ（モナン）	10ml
ライムジュース	10ml
冷凍カットパイン	3個

ガーニッシュ

パイナップル	2切れ
ミント	1茎

作り方

❶ 材料をミキサーで撹拌する。

❷ 氷を入れたティキマグに濾しながら入れて、ガーニッシュを
飾る。

[ピニャコラーダのスタンダードレシピ]

材料：ラム 30ml ／パイナップルジュース 80ml ／ココナッツミルク 30ml

ガーニッシュ：パイナップル、マラスキーノ チェリー 各適量

① 材料をシェイクして、クラッシュアイスを詰めた大型のグラスに注ぐ。

② パイナップルとマラスキーノ チェリーを飾り、ストローを添える。

バーテンダー談 どんな モクテル？

ラムとパイナップル、ココナッツミルクをシェイクしたスタンダードカクテル「ピニャコラーダ」は、本来ココロペスというとても甘くて濃いココナッツクリームを使うそうです。このレシピにも同じように濃いクリームを入れて、コクを出しました。パイナップルジュースをシェイクした後に発生する泡は、冷凍のパイナップルを加えることでエスプレッソマティーニのようなしっかりとした泡に変化します。

Craftroom

オリエンタル ファーム
Oriental Farm

ABV 7.6%

★ ★ ★

ジャスミンティーのスイーツを分解して再構築

COCTAIL RECIPE

材　料

ホワイトラム（バカルディ スペリオール）	20ml
グレープフルーツ ジュース	45ml
ジャスミンティー（濃いめ）	30ml
ライムジュース	10ml
シンプルシロップ	1tsp
セロリビターズ	1dash

ガーニッシュ

レモンバーム	1本

作り方

❶ 材料をシェイクして、氷を入れたワイングラスに注ぐ。
❷ レモンバームを飾る。

バーテンダー談 どんなカクテル？

セロリのフォームがのったジャスミンティーのスイーツを食べた際に、これを分解してカクテルで再構築しようと思い付きました。ジャスミンティーのフレーバーがオリエンタルな雰囲気を醸し出すので、存在感がしっかりと表れるよう濃く煮出すのがポイントです。ほかにカモミールティーやブラックティー、煎茶でもアレンジが可能。ただ、煎茶は苦くならないように煮出す温度管理がかなりシビアなので、難易度が一気に上がります。

クラレット カップ
Claret Cup

ABV 6.9%

★ ★ ★

スパイシーな赤ワインのカクテル

COCKTAIL RECIPE

材料

スパイスド赤ワイン※	60ml
レモンジュース	10ml
ジンジャーエール	60ml

ガーニッシュ

オレンジスライス	1枚
シナモンスティック（炙ったもの）	1本
スターアニス	1個
ミント	1茎

※［スパイスド赤ワイン］
材料：赤ワイン 200ml ／クローブ 10個／シナモンスティック 1本／カルダモン 1個／スターアニス 1/2 個／オレンジスライス 1/2個／シンプルシロップ 10ml

① 密閉容器に材料を入れ、1週間ほど冷蔵庫で抽出して濾す。

註：スパイスド赤ワインに浸けていたスパイスをお好みで。

作り方

❶ ジュレップカップに氷と材料を入れて、ステアする。
❷ ガーニッシュを飾る。

バーテンダー談 どんなカクテル？

クラシックカクテルの「クラレット カップ」をローアルコールにアレンジしました。1882年に出版されたハリー・ジョンソン著『バーテンダーズ・マニュアル』のレシピと挿絵の情報をもとに、赤ワインにスパイスを浸け込んでいます。クラレットはフランス・ボルドー産の赤ワインを指しますが、シラーやカベルネ・ソーヴィニヨンのようなタンニンが効いてどっしりしたタイプ、またはメルローのようなバランスが良いタイプでお好みのものを探してみてください。

Craftroom
Bartender
藤井　隆

20歳でバーテンダーの職に就き、神戸、姫路の
バーを経て2006年より大阪・北新地の「Bar,K」
に入店。2011年、シンガポールでエリートバーテン
ダーコースを卒業。数々の大会で活躍し、2016年
にディアジオ社主催「ワールドクラス2016」世界
大会において準優勝を獲得する。2020年、大阪・
梅田にバー「Craftroom」をオープン。国内外で大
会審査員、セミナー、カクテルイベント企画、ゲスト
バーテンダーとして活躍している。

Bar info

Craftroom　大阪府大阪市北区梅田1-3-1 大阪駅前第一ビル B2-70　TEL：06-6341-8601

Mocktail
&
Low-ABV Cocktail
Recipes

CASE.05

CRAFT CLUB
Yoshifumi Tsuboi

CRAFT CLUB

ハーバル ジン パンチ

Herbal Gin Punch

ABV 0%

★ ☆ ☆

バーでシェアする2人用のパンチモクテル

MOCKTAIL RECIPE

材料

ジュニパーベリー ビネガー(オークスハート)	30ml
エルダーフラワー コーディアル(ユウキ)	15ml
レモンジュース	5ml
トニックウォーター(フィーバーツリー)	150ml

ガーニッシュ

ローズマリー	4本
エディブルフラワー	4〜5本

作り方

❶ 材料をデキャンタに注いで、軽く混ぜる。

❷ クラッシュドアイスを入れた器に❶を重ねて、ガーニッシュを飾る。

バーテンダー談 どんな モクテル?

仲間との集まりや、パーティーシーンを華やかに彩るパンチカクテル。大きなボウルに入ったカクテルを皆でシェアするスタイルですが、バーで飲むことを想定して2人分の量で作りました。グラスの外にフレッシュのハーブ、中にコーディアルを使って色調も味わいも透明感を出しています。冷酒を酌み交わすイメージで、お猪口のような小さなグラスに取り分けて召し上がってください。

大葉のジンフィズ
Shiso Gin Fizz

ABV 0%

★ ★ ☆

大葉が爽やかに香るジンフィズ

MOCKTAIL RECIPE

材 料

ジュニパーベリー ビネガー(オークスハート)	45ml
レモンジュース	15ml
シンプルシロップ	8ml
大葉	2枚
ソーダ	適量

[ジンフィズのスタンダードレシピ]
材料：ジン 45ml ／レモンジュース 20ml ／砂糖 2tsp ／ソーダ 適量
① ソーダ以外の材料をシェイクして、タンブラーに注ぐ。
② ソーダで満たして軽くステアする。

ガーニッシュ

大葉	1枚

作り方

1. ソーダ以外をすり鉢でする。
2. 1をシェイクして、氷を入れたタンブラーにダブルストレイン。
3. ソーダで満たして、軽く混ぜる。
4. 大葉を飾る。

バーテンダー談 どんな モクテル？

韓国・ソウルでプロデュースしているバー「Polestar」において最も人気のあるシグネチャーカクテル「紫蘇ジントニック」をモクテルにツイストしました。トニックウォーターだと少し甘味が強かったため、ソーダに変えてさっぱりとしたフィズスタイルに。大葉はそのまま入れてシェイクしたり、ペストルで潰すだけでは風味が思うように出ません。ほかの材料と一緒にすり鉢すれば、効率的な抽出が可能です。大葉以外にバジルでも応用できます。

抹茶オールドファッションド

Matcha Old Fashioned

ABV 0%

★ ★ ☆

陶器でお茶を飲むように楽しんで

MOCKTAIL RECIPE

材　料

ノンアルコールジン（ネマ 0.00% ウイスキー）	45ml
ジンジャーシロップ（ユウキ）	10ml
レモンジュース	5ml
蜂蜜	8g
抹茶	2.5g

ガーニッシュ

ナンテンの葉	1枚
金箔	適量

［オールドファッションドの
　　　　　　　スタンダードレシピ］
材料：ライまたはバーボンウイスキー
45ml ／アンゴスチュラ ビターズ
2dashes ／角砂糖 1個
ガーニッシュ：オレンジスライス／レモンス
ライス／マラスキーノ チェリー 各適量
① オールドファッションド グラスに角砂
　糖を入れて、ビターズを振りかける。
② 氷を加えて、ウイスキーを注ぐ。
③ ガーニッシュを飾り、マドラーを添える。

作り方

❶ 材料をハンドブレンダーで撹拌する。
❷ ❶をシェイクして、陶器グラスにダブルストレイン。
❸ ガーニッシュを飾る。

バーテンダー談 どんな モクテル？

海外のお客さまと接する機会が多いことから、日本を表現するわかりやすい素材として
ウイスキーと抹茶を選び、京都のバー「Craft倶楽部」でシグネチャーカクテルとしてオ
ンメニューしていたのが「抹茶オールドファッションド」。今回、そのベースとなるジャパ
ニーズウイスキーの「知多」をネマに変えてモクテルにしました。蜂蜜が溶けづらいの
で、❶の工程でしっかりと混ぜておきましょう。

CRAFT CLUB

ビネガー スプリッツァー
Vinegar Spritzer

ABV 3.5%

★ ☆ ☆

シンプルでアレンジがしやすいレシピ

COCKTAIL RECIPE

材 料

白ワイン	30ml
白ワインビネガー	10ml
ソーダ	45ml
トニックウォーター	45ml

［スプリッツァーのスタンダードレシピ］
材料：白ワイン 60ml ／ソーダ 適量
① 氷を入れたゴブレットにワインを注ぎ、
　ソーダで満たして軽くステアする。

ガーニッシュ

レモンピール	1片

作り方

❶ 材料をグラスに注いで、軽くステアする。
❷ レモンピールをかけて、グラスの中に入れる。

バーテンダー談 どんな カクテル？

白ワインをソーダで割った爽やかなカクテル「スプリッツァー」は、シンプルでアレンジが
しやすいレシピ。白ワインビネガーだけでなく、フルーツやハーブを使ってお好みの味わ
いにすることができます。ベースを赤ワインにするなら、白ワインビネガーをバルサミコ酢
に変えて作ってみてください。ワインはローアルコールカクテルが作りやすく、スタンダー
ドカクテルでも白ワインをジンジャーエールで割った「オペレーター」（赤ワインなら「キ
ティ」）があります。

グラスホッパー
Grasshopper

ABV 0%

★ ★ ☆

チーズとチョコレートで複雑な風味に

MOCKTAIL RECIPE

材料

グリーンミント シロップ(モナン)	15ml
生クリーム(動物性)	10ml
マスカルポーネチーズ	10g
ホワイトチョコレートソース(モナン)	10g
牛乳	45ml

ガーニッシュ

ダークチョコレート、ミント	各適量

作り方

❶ 材料をハンドブレンダーで撹拌する。
❷ ❶をシェイクして、カクテルグラスにダブルストレイン。
❸ チョコレートを削りかけ、ミントを飾る。

[グラスホッパーのスタンダードレシピ]
材料:クレーム ド カカオ 20ml ／クレーム ド ミント 20ml ／生クリーム 20ml
① 材料を充分にシェイクして、カクテルグラスに注ぐ。

バーテンダー談 どんな モクテル?

ショートスタイルのモクテルを作る際、アルコールの代わりになるようなボリュームを出そうとすると、凝縮感のあるややくどい味わいになりがちです。このグラスホッパーもそうで、生クリームやチーズ、ホワイトチョコレートソースでボリュームと複雑さを与えつつ、くどくなり過ぎないように牛乳を加えてその風味を伸ばしました。また、国内におけるショートカクテルの量は60mlが基本。満足感が得られるよう、総量を増やすこともモクテル創作のポイントだと思います。

CRAFT CLUB

地中海ブラッディメアリー
Mediterranean Bloody Mary

ABV 0%
★ ★ ★

ハーバルでスパイシーなブラッディメアリー

MOCKTAIL RECIPE

材料

トマトジュース	60ml
フルーツトマト	1〜2個
パプリカ(赤)	1/8個
オリーブ	1個
イタリアンハーブミックス	少々
唐辛子ビターズ※	3dashes

ガーニッシュ

プチトマト	2個
オリーブ	1個
ローズマリー	1本

作り方

❶ 材料をハンドブレンダーで撹拌する。
❷ ❶をシェイクして、ロックグラスに注ぐ。
❸ ガーニッシュを飾る。

※[唐辛子ビターズ]
材料:ウォッカ(ケテルワン) 50ml /唐辛子 5本
① ウォッカに唐辛子を1日浸けて、濾す。

[ブラッディサムのスタンダードレシピ]
材料:ジン 45ml /トマトジュース 適量 /レモンジュース 1tsp (またはカットレモン)
① 氷を入れたタンブラーに材料を注いで、ステアする。
② 好みで塩、胡椒、セロリソルト、セロリスティック、タバスコソース、ウスターソースなどを添える。
※ ジンをウォッカに変えるとブラッディメアリー。

バーテンダー談 どんな モクテル?

地中海地域産のオリーブ、バジル、タイム、ローズマリーなどがボタニカルとして使われ、"神のジン"と呼ばれる「ジン マーレ」をベースに創作したオリジナルカクテル「地中海ブラッディサム」をモクテルにアレンジしました。全体的に固形分が多いので、フレッシュトマトだけでなくジュースも加えています。唐辛子ビターズは辛味のアクセントで、ハーブの香りに負けないよう3dashes入れました。

ナッツ エスプレッソ マティーニ

Nut Espresso Martini

ABV 2.4%

★ ★ ☆

本場イタリアでの飲み方から着想

COCTAIL RECIPE

材　料

シェリー (バルデスピノ エルカンダド ペドロヒメネス)	10ml
エスプレッソ	30ml
ピスタチオペースト	20g
黒蜜	10ml

ガーニッシュ

ナッツ、チョコレート、ピンクペッパー	各適量

作り方

❶ 材料をハンドブレンダーで撹拌する。

❷ ❶を充分にシェイクして、カクテルグラスにダブルストレイン。

❸ ガーニッシュを飾る。

バーテンダー談 どんなカクテル？

「CRAFT倶楽部」オープン時に考案したシグネチャーカクテルをローアルコールで再構築しました。元のレシピに入っていたウォッカやフランジェリコ、コーヒーリキュールを抜くとコクやボリュームが足りなくなるので、甘口のシェリーや黒蜜といった味の強いもので補っています。苦いエスプレッソに大量の砂糖を入れる、本場イタリアでの飲み方から着想した一杯。ガーニッシュの食感も楽しんでください。

ビネガー ベリーニ

Vinegar Bellini

ABV 0%

★ ☆ ☆

フルーツ缶で一年中手軽に作れる

MOCKTAIL RECIPE

材 料

桃(缶)	60g
白ワインビネガー	10〜15ml
グレナデン シロップ	4ml
ピーチシロップ(モナン)	4ml
ソーダ	適量
トニックウォーター	適量

[ベリーニのスタンダードレシピ]
材料:スパークリングワイン 40ml ／ピーチネクター 20ml ／グレナデン シロップ 1dash
① シャンパングラスにピーチネクターとグレナデン シロップを入れてステアする。
② スパークリングワインで満たして、軽く混ぜる。

作り方

❶ ソーダとトニックウォーター以外の材料をブレンダーで撹拌して、ワイングラスに注ぐ。

❷ ソーダとトニックウォーターで満たして、軽く混ぜる。

註:❶で少量のソーダをブレンダーに加えると、撹拌しやすくなる。

バーテンダー談 どんな モクテル?

桃の旬は6月から9月くらいまでですが、一年中手に入る桃の缶詰を使えばノンアルコールのベリーニがいつでも手軽に作れます。本来はスパークリングワインが入るところを白ワインビネガーの酸味とフルーティな香り、ソーダとトニックウォーターで代用しました。ソーダとトニックは半々、もしくはお好みで。さらに、桃の味をわかりやすくするためピーチシロップを加えています。洋梨の缶詰とシロップで作っても美味しいです。

CRAFT CLUB

抹茶エッグノッグ

Matcha Eggnog

ABV 3.4%

★ ★ ☆

コールドでもホットでも美味しい

COCKTAIL RECIPE

材　料

アドヴォカート(ワニンクス)	30ml
黒蜜	10ml
抹茶シロップ(モナン)	5〜10ml
抹茶	2.5g
牛乳	100ml

ガーニッシュ

ホワイトチョコレート	適量
金箔	適量
ナンテンの葉	1枚

作り方

❶ 材料をシェイクして、大型のカクテルグラスまたはワイングラスにダブルストレイン。

❷ ホワイトチョコレートを削りかけ、金箔とナンテンの葉を飾る。

バーテンダー談 どんな カクテル？

スピリッツやワインに卵と牛乳、砂糖を混ぜて作る「エッグノッグ」をローアルコールで和風に仕上げました。店舗でお出ししているものには抹茶リキュールを10ml入れていますが、アルコール度数が上がってしまうため、抹茶のシロップに変えています。ホットにするなら、黒蜜や抹茶シロップの量を抑えて甘さ控えめに。牛乳以外の材料をフローサーでかき混ぜた後、温めた牛乳を加えれば出来上がりです。

ストロベリー プル アップ

Strawberry Pull up

ABV 4.2%

★ ★ ★

いちごのティラミスをカクテルに

COCKTAIL RECIPE

材　料

ダークラム (バカルディ8)	10ml
牛乳	30ml
生クリーム	20ml
マスカルポーネ チーズ	20g
ストロベリー ピューレ	15g

ガーニッシュ

ストロベリー パウダー	適量

作り方

❶ グラスの外側にストロベリー パウダーをデコレーションする。

❷ 材料とクラッシュドアイスをハンドブレンダーで撹拌して、❶に注ぐ。

❸ ストロベリー パウダーをかける。

バーテンダー談 どんなカクテル？

イタリアで定番のデザート「ティラミス」をカクテルで表現しました。緩いフローズンカクテルに仕上げるため、クラッシュドアイスはメジャーカップ2杯程度に。さらさらと入っていくような液体でもなく、固いフローズンでもない、程よいとろみがカクテルの風味を口の中に漂わせてくれます。ティラミスはイタリア語で「私を引っ張り上げて」、転じて「元気づけて」の意味があり、"引っ張り上げる"を英語にしたネーミングです。

CRAFT倶楽部
Bartender
坪井吉文

1997年、20歳で千葉・本八幡に「BAR ROBROY」を開業。翌年から数々のカクテルコンペティションで受賞し、全国各地・アジア各国でセミナーの開催や店舗プロデュースを始める。飲食店開業のコンサルタントをした店舗は80店舗以上にのぼり、自身の直営店も5店舗に。シガーアドバイザーやバリスタの資格を持ち、フレアバーテンダーとしての顔も持つ。2013年、ジャパンバーテンダースクール・ジャパンカフェスクールを開校し、校長を務める。

Bar info

CRAFT倶楽部 東京都千代田区内神田2-14-9　TEL：03-6206-0717

Mocktail
&
Low-ABV Cocktail
Recipes

LE CLUB
Hidenori Murata

LE CLUB

モッカーレット オハラ
Mockarlett O'Hara

ABV 0%

★ ★ ☆

あの美しいカクテルをオロナミンCで再現

MOCKTAIL RECIPE

材料

オロナミンC レデュクション※	30ml
クランベリージュース	30ml
シンプルシロップ	1〜2tsp
ライムジュース	1tsp

作り方

❶ 材料をステアして、カクテルグラスに注ぐ。

※［オロナミンC レデュクション］
① 手鍋にオロナミンCを入れて、中火〜弱火で加熱する。
② 半分の量まで煮詰めたら、粗熱を取る。
③ 容器に移して、冷蔵庫で保存する。

［スカーレット オハラのスタンダードレシピ］
材料：サザン カンフォート 30ml ／クランベリージュース 20ml ／ライム（またはレモン）ジュース 10ml
① 材料をシェイクして、カクテルグラスに注ぐ。

バーテンダー談 どんな モクテル？

「サザン カンフォートをジンジャーエールで割ると、オロナミンCの味がする」という話から、カクテル「スカーレット オハラ」をモクテルにツイストしようと思い付きました。サザン カンフォートは、割り材によってフレーバーが変化する面白いリキュールです。昭和40年代のCMでは、ジンやウイスキーをオロナミンCで割る飲み方を提案していたこともあり、カクテルに使える材料のひとつになり得るのではと考えました。

LE CLUB

雪国 零
YUKIGUNI "ZERO"

ABV 0%

★ ☆ ☆

ポカリスエットが伝説のカクテルに!?

MOCKTAIL RECIPE

材 料

ポカリスエット	45ml
コーディアル ライムジュース	15ml
オレンジビターズ	3dashes

ガーニッシュ

グラニュー糖	適量
ミントチェリー	1個

作り方

❶ グラニュー糖でカクテルグラスをリムする。
❷ 材料をステアして、❶に注ぐ。
❸ ミントチェリーを飾る。

［雪国のスタンダードレシピ］
※創作者・井山計一さんのレシピ
材料：ウォッカ 45ml ／ホワイトキュラソー 8ml ／コーディアルライム 1tsp
ガーニッシュ：上白糖 適量／グリーンチェリー 1個
① ブレンダーで細かくした上白糖をカクテルグラスの縁にまぶし、グリーンチェリーを入れる。
② 材料をシェイクして、①に注ぐ。

バーテンダー談 どんな モクテル？

日本で生まれた伝説のカクテル「雪国」をモクテルの世界でも楽しめるように構築しました。バラライカやXYZ、コアントローフィズなど、お客さまにコアントローを使ったカクテルをお出しする際に時々言われる「ポカリっぽい」の一言がヒントになっています。ポカリとライムだけでも味は馴染みますが、少量加えたオレンジビターズがお酒を飲んだ時の引っ掛かりや苦味を演出してくれます。

貧乏人のつくねフリップ

Poorman's Tsukune Flip

ABV 0%

★ ★ ☆

番茶と醤油の香ばしさが口の中に広がる

MOCKTAIL RECIPE

材 料

濃く淹れた炒り番茶	45ml
醤油シロップ※	15ml
卵黄	1個分
紫蘇(軽くちぎる)	3枚

ガーニッシュ

松の実	適量

作り方

❶ 材料をボストンシェーカーに入れてシェイクし、グラスに注ぐ。
❷ 松の実を削りかける。

※[醤油シロップ]
材料：軽く煮詰めた薄口醤油 100ml／上白糖 150g／クエン酸 ごく少量
① 醤油と上白糖を容器に入れて、上白糖が溶けるまで混ぜる。
② クエン酸を加えて、さらに混ぜる。

註：薄口醤油を煮詰める際は、つくねのタレを思わせる香りが出たタイミングで火を止める。

バーテンダー談 どんな モクテル？

料理をカクテルで表現するという、よく用いる手法のひとつです。今回は、つくねをフリップ（※）スタイルにしてみました。濃く淹れた炒り番茶と醤油シロップは、つくねを焼いた時の焦げやスモーク感を再現しています。卵黄や紫蘇、松の実といったつくねを連想させるものを使いながら、主な材料である鶏肉を入れずに作るのでこのようなネーミングになりました。

※ フリップ……ワインやスピリッツに卵と砂糖を加えてシェイクし、グラスに注いでナツメグを振りかけるカクテルのスタイル。

ナポリタン
ノンアルポリタン

Napolitana Nonalcoholic Cosmopolitan

ABV 0%

★ ☆ ☆

野菜を炒めて作る融合モクテル

MOCKTAIL RECIPE

材 料

玉ねぎ	1/6個
ピーマン	1/4個
ケチャップ	3tbsp
クランベリージュース	150ml

[コスモポリタンのスタンダードレシピ]
材料：ウォッカ 30ml ／コアントロー 10ml ／クランベリージュース 10ml ／ライムジュース 10ml
① 材料をシェイクして、カクテルグラスに注ぐ。

作り方

❶ カットした玉ねぎとピーマン、ケチャップをフライパンに入れて、炒める（油は使わない）。

❷ ナポリタンを思わせる香りが出てきたら火を止めて、クランベリージュースを加える。

❸ 10分程度置いて味をなじませ、フィルターで濾す。

❹ ❸をステアして、グラスへ注ぐ。

バーテンダー談　どんな モクテル？

ナポリタンとカクテル「コスモポリタン」の融合モクテルです。❶で炒める際にソーセージやベーコン、油を加えるとウォッシングの工程が必要になるのと、3つの材料で充分にナポリタンの香りが出たので省略しました。レシピを見てお気づきかもしれませんが、ウォッカとクランベリージュースを混ぜたカクテル「ケープコッダー」ではなくコスモポリタンを名前に選んだのは、韻を踏むためです。

ペニシリン気分

Just Like Penicillin

ABV 5.8%

★ ★ ☆

煮詰めたホッピーがベースのペニシリン

COCKTAIL RECIPE

材 料

ホッピー レデュクション※1	40m
ハニージンジャー シロップ※2	12ml
レモンジュース	12ml
ラフロイグ10年	10ml

作り方

❶ ラフロイグ以外の材料をシェーカーに入れて、混ぜる。
❷ 氷を加えて軽くシェイクし、ロックグラスに注ぐ。
❸ ラフロイグをフロートする。

※1［ホッピー レデュクション］
① 手鍋にホッピー（白）を入れて、中火〜弱火で加熱する。
② 半分の量まで煮詰めたら、粗熱を取る。
③ 容器に移して、冷蔵庫で保存する。

※2［ハニージンジャー シロップ］
材料：蜂蜜 50g ／シンプルシロップ 50g ／ジンジャーパウダー 1.5g
① 材料をよく混ぜて、容器に入れる。

［ペニシリンのスタンダードレシピ］
材料：ブレンデッドウイスキー 50ml ／レモンジュース 20ml ／ハニージンジャー シロップ 20ml ／ラフロイグ10年 10ml
① ラフロイグ以外の材料をシェイクして、氷を入れたロックグラスに注ぐ。
② ラフロイグをフロートする。

バーテンダー談 どんなカクテル？

近年生まれたカクテルで、スタンダードカクテルになったといっても過言ではない「ペニシリン」をローアルコールにツイストしました。もとのレシピはウイスキーがしっかり入っていますが、ノンアルコールをベースにするのでシェイクは軽めに。普通にシェイクすると、薄まり過ぎて味がぼやけてしまいます。シロップがきちんと溶けるよう、予めシェーカーの中で混ぜておくのがポイントです。

ノンハッタン

Non-Hattan

ABV 0%

★ ★ ★

2種類のお茶でウイスキーを表現

MOCKTAIL RECIPE

材　料

濃く淹れたトウモロコシ茶	20ml
濃く煮出した麦茶	20ml
シナモンシロップ（モナン）	10ml
マラスキーノ チェリーの漬け汁	5ml
赤ワインビネガー	5ml
アンゴスチュラ ビターズ	2dashes

ガーニッシュ

マラスキーノ チェリー	1個
オレンジピール	1片

作り方

❶ 材料をステアして、カクテルグラスに注ぐ。
❷ マラスキーノ チェリーを飾り、オレンジピールをかける。

［マンハッタンのスタンダードレシピ］
材料：ライウイスキー 45ml／スイートベルモット 15ml／アンゴスチュラ ビターズ 1dash
ガーニッシュ：マラスキーノ チェリー 1個
① 材料をステアして、カクテルグラスに注ぐ。
② マラスキーノ チェリーを飾る。

バーテンダー談 どんな モクテル？

アメリカンウイスキーがベースのカクテル「マンハッタン」をノンアルコールにした「ノンハッタン」。バーボンをイメージして、原料に使われるトウモロコシのお茶とロースト香が出る麦茶を主軸に組み立てました。チェリーの漬け汁を加えたのは、グラスに飾られたチェリーから浸出した風味もマンハッタンの味わいのひとつと考えたから。また、シナモンシロップと赤ワインビネガーで、複雑な風味を持つスイートベルモット風になります。

LE CLUB

モクティ ネイル
Mockty Nail

ABV 0%

★ ★ ☆

コリアンダーシードがオールドボトルの風味を演出

MOCKTAIL RECIPE

材料

ホッピー レデュクション※	45ml
蜂蜜	2〜3tsp
コリアンダーシード	2g
クローブ	1個
カルダモン	1個

作り方

❶ ホッピー レデュクション以外をすり鉢に入れて、すり潰す。
❷ ホッピー レデュクションを加えて充分に混ぜ、茶こしで濾す。
❸ 氷を入れたロックグラスに❷を注いで、ステアする。

※［ホッピー レデュクション］
① 手鍋にホッピー（白）を入れて、中火〜弱火で加熱する。
② 半分の量まで煮詰めたら、粗熱を取る。
③ 容器に移して、冷蔵庫で保存する。

［ラスティ ネイルのスタンダードレシピ］
材料：ウイスキー 30ml ／ドランブイ 30ml
① 氷を入れたオールドファッショングラスに材料を注いで、ステアする。

バーテンダー談 どんな モクテル？

とあるバーで1960年代のドランブイを飲んだ時、スパイスをかじったような鮮烈な香りを感じたことがあります。この経験からスパイスと蜂蜜を組み合わせて、ハーブ系リキュールの「ドランブイ」を表現しました。コリアンダーシードはすり潰してお酒に加えると、ウイスキーやリキュールのオールドボトルのような風味が出ます。煮詰めると苦味が出るホッピーは、ウイスキーの代わり。さらにクローブの苦味やカルダモンの爽やかな香りが、蜂蜜で甘くなりがちな余韻を引き締めています。

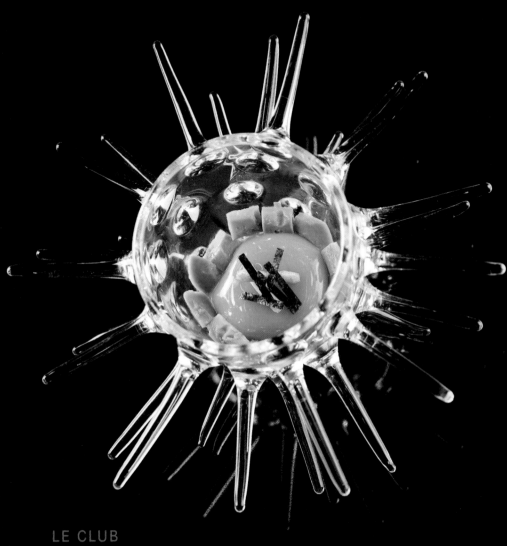

LE CLUB

プレーリー ウニ軍艦
Plairie Sea Urchin Gunkan-Maki

ABV 8.4%

★ ☆ ☆

牡蠣ではなく、ウニ軍艦が食べたくなったら

COCKTAIL RECIPE

材　料

シェリー(コロシア オロロソ)	20ml
卵黄	1個分
アボカド	2g
お茶漬けの素	少量

作り方

❶ グラスにシェリーを注ぎ、卵黄を崩さないように入れる。

❷ アボカドとお茶漬けの素を加える。

[プレーリーオイスターの
　　　　　スタンダードレシピ]

材料：卵黄 1個分／ウスターソース 1tsp
／ケチャップ 1tsp／ビネガー 2dashes
／胡椒 1dash

① オールドファッションド グラスに卵黄を
　崩さずに入れて、その上からほかの材
　料を加える。

バーテンダー談 どんなカクテル？

草原で「牡蠣が食べたい」と言い出した瀕死の友人のために、卵を使って牡蠣に似た
喉越しに仕上げたというエピソードが由来とされるノンアルコールカクテル「プレーリー
オイスター」。これを「牡蠣ではなく、ウニ軍艦が食べたくなったら……」というストーリー
に変えて創作しました。海外ではアルコール入りでもプレーリーオイスターが作られてい
るようなので、こちらもローアルコールで。プレーリーオイスターも牡蠣の味がしないよう
にウニの味はしませんが、シンプルに美味しいです。

LE CLUB

サゼマック

Sazemack

ABV 9.3%

★ ★ ☆

サゼラック風味のソルマック!?

COCKTAIL RECIPE

材料

ソルマック 胃腸液プラス(50ml)	1本
アブサン(ヴェルサント・ラ・ブランシェ)	1〜2tsp
シンプルシロップ	1tsp
ペイショーズ ビターズ	3dashes
アボッツビターズ(ボブズ)	3dashes

ガーニッシュ

レモンピール	1片

作り方

❶ 材料をステアして、アブサンパイプに注ぐ。
❷ レモンピールをかける。

[サゼラックのスタンダードレシピ]
材料：ライまたはカナディアンウイスキー 60ml ／角砂糖 1個／ペイショーズ ビターズまたはアンゴスチュラ ビターズ 1dash ／アブサン 1dash
ガーニッシュ：レモンピール 1片
① ロックグラスに角砂糖を入れて、少量の水で溶かす。
② 氷を加えて残りの材料を入れ、ステアする。
③ レモンピールをかける。

バーテンダー談 どんな カクテル？

アルコールにはある程度の飲みにくさ、喉への引っ掛かりがありますよね。日常生活において口にするもので何かないかと考えたら、ソルマックが思い浮かびました。ビター系の苦いリキュールは、お客さまにも「胃薬みたい」と例えられます。ソルマック以外はクラシックカクテル「サゼラック」の材料で構成されていて、味わいはまるで美味しいビターリキュールのロック。ふと、サゼラックのフレーバーが心地良く駆け抜けていきます。

マイタイ in ラモス ジンフィズ
Mai Tai in Ramos Gin Fizz

ABV 3.5%
★ ★ ★

遊び感覚の"カクテル in カクテル"

COCKTAIL RECIPE

材料

ダークラム	15ml
紅茶（アールグレイ）	30ml
ライムジュース	15ml
オルジェーシロップ	10ml
オレンジフラワーウォーター シロップ	5ml
生クリーム	15ml
卵白	1/2個分
ソーダ	適量

作り方

❶ ソーダ以外の材料をボストンシェーカーに入れて、充分にシェイクする。

❷ グラスに注いで、ソーダで満たす。

[マイタイのスタンダードレシピ]
※海外仕様
材料：ホワイトラム 30ml ／オレンジキュラソー 15ml ／ライムジュース 30ml ／オルジェーシロップ 15ml ／シンプルシロップ 7.5ml ／ダークラム 30ml
① ダークラム以外の材料をシェイクして、クラッシュドアイスを入れたグラスに注ぐ。
② ダークラムをフロートする。
③ 好みでライム、ミント、レッドチェリー、パイナップルなどを飾る。

[ラモス ジンフィズのスタンダードレシピ]
※海外仕様
材料：ジン 60ml ／レモンジュース 15ml ／ライムジュース 15ml ／シンプル シロップ 22.5ml ／生クリーム 22.5ml ／卵白 1個分 ／オレンジフラワーウォーター 5drops ／ソーダ 30ml
① ソーダ以外の材料をシェーカーに入れて、ドライシェイク（氷を入れずにシェイク）する。
② 氷を加えて充分にシェイクし、タンブラーに注ぐ。
③ ソーダで満たす。

バーテンダー談 どんな カクテル？

「ラモス ジンフィズ」の中に「マイタイ」を入れた、遊び感覚の"カクテル in カクテル"です。ラムの量を減らした分、紅茶で伸ばしてローアルコールにしました。ラモス ジンフィズは、モコモコとした泡が特徴。材料をシェイクしてから別のシェーカーに移し替えてドライシェイクし（一般的な方法とは逆）、グラスへ注ぐ際にはソーダで一気に満たさずに、シェーカー内の液体とソーダを交互に注ぐとキレイな泡ができやすいです。

LE CLUB
Bartender
村田英則

1994年、「LE CLUB」を開店。"新しい出会いや経験をして頂きたい"をテーマに、独創性にあふれたアイデアで画期的なカクテルを創り出す。2016年に始めたInstagramがきっかけで世界中から注目を浴び、上海のバー「Sober Company」を皮切りにオランダのバー「ROSALIA'S MENAGERIE」など、国内外でゲストシフトの依頼が次々と舞い込む。クラシックカクテルのツイストや、最小限の材料で料理をカクテルに落とし込む手法を得意としている。

Bar info

LE CLUB 愛媛県松山市二番町1-9-20 キーホールビル B1F　TEL：089-931-1995

Mocktail
&
Low-ABV Cocktail
Recipes

TIGRATO
Yu-suke Takamiya

TIGRATO

コーヒー 生グレサワー
Coffee Grapefruit Sour

ABV 3.6%

★ ☆ ☆

泡盛コーヒーとグレープフルーツのサワー

COCKTAIL RECIPE

材　料

泡盛(尚 ZUISEN)	20ml
アイスコーヒー(ニカラグア産 エル・ケッツァル)	30ml
グレープフルーツ	1/2個
レモンジュース	10ml
シンプルシロップ	10ml
トニックウォーター	適量

作り方

❶ グレープフルーツを搾り、ジュースをタンブラーに入れる。

❷ 氷を加え、トニックウォーター以外の材料を入れてステア
する。

❸ トニックウォーターを注いで、軽く混ぜる。

バーテンダー談 どんなカクテル？

沖縄でポピュラーな泡盛のコーヒー割りに、コーヒーと相性が良いグレープフルーツを
加えてサワーを作りました。「尚 ZUISEN」は洋梨や桃、バナナを思わせるフルーティな
香りが特徴で、洗練された華やかな泡盛。ベースを焼酎にするならすっきりしたタイプの
ほうが合わせやすいですが、個性がある焼酎でもコーヒー豆のアレンジ次第で楽しめま
す。トニックウォーターがない場合は、ソーダで割っても。

TIGRATO

ヨーグルト ブリュー マティーニ

Yoghurt Brew Martini

ABV 5.7%
★ ☆ ☆

コーヒーをヨーグルトで抽出

COCKTAIL RECIPE

材　料

ウォッカ（ケテルワン）	10ml
コーヒーホエイ※	50ml
シンプルシロップ	10ml

作り方

❶ 材料をステアして、カクテルグラスに注ぐ。

※［コーヒーホエイ］
材料：ヨーグルト 100g／コーヒー豆（コスタリカ産 サンタテレッサ）10g
① 粗挽きしたコーヒー豆をヨーグルトと混ぜて、12時間ほど冷蔵庫に入れる。
② コーヒーフィルターで濾す。

バーテンダー談 どんな カクテル？

水出しでゆっくりと抽出するコーヒー「コールドブリュー」や冷たい牛乳で抽出する「ミルクブリュー」が話題になっているように、コーヒーはさまざまな方法で抽出ができます。そこで、試してみたのがヨーグルト。発酵コーヒーが流行っていることもヒントになり、併せたら面白いと考えました。香りを楽しんで頂きたいので、シェイクではなくステアにしています。コーヒーホエイは、マンハッタンやネグローニに少量加えるといった使い方もできます。

TIGRATO

カシスコーヒー

Cassis Coffee

ABV 2.1%

★ ★ ☆

168

カシスとビターチョコレートのフレーバーがマッチ

COCKTAIL RECIPE

材料

カシスリキュール（フィリップ ド ブルゴーニュ）	30ml
コーヒー豆（ニカラグア産 エル・ケッツァル）	12g
お湯	180ml
生クリーム	60ml

作り方

❶ コーヒー豆を挽き、エアロプレスに入れてお湯を注ぐ。

❷ カシスリキュールを加えて、抽出する。

❸ 耐熱グラスに注いで、生クリームをフロートする。

註：エアロプレスがない場合は、コーヒードリッパーにコーヒー豆（12g）を入れてお湯（180ml）を注ぎ、ドリップしても良い。

バーテンダー談 どんなカクテル？

カシスとコーヒーの相性の良さは知られていますが、特にこのコーヒー豆は深煎りでコクがあり、チョコレートのようなフレーバーがして甘酸っぱいベリー系に合います。さらにまろやかな生クリームを加えて、スタンダードカクテルの「アイリッシュコーヒー」仕立てにしました。さらっとした口当たりにするため、生クリームは乳脂肪分35％のライトタイプを選んでいます。ドリップする際には豆をしっかりとお湯に浸しながら、3回に分けて注いでください。

TIGRATO

自家製ノンアルコール コーヒージン

Original Non-Alcoholic Coffee Gin

ABV 0%
★ ★ ☆

ジンとコーヒー豆はお好みで

MOCKTAIL RECIPE

材　料

ノンアル コーヒージン※	90ml
レモンジュース	10ml
シンプルシロップ	10ml

作り方

❶ 氷を入れたロックグラスに材料を注いで、ステアする。

※［ノンアル コーヒージン］
材料：水 1500ml ／ジン（ボンベイサファイア）100ml ／グレープフルーツピール 50g ／ジュニパーベリー 20g ／カルダモン 2粒／ジャスミンティー（ティーバッグ）1袋／コーヒー（ケニア産 ツングリ）50g

① ジャスミンティーとコーヒー以外の材料を鍋に入れて、火にかける。
② 沸騰したら、弱火で1時間煮詰めて冷ます。
③ ジャスミンティーとコーヒーを加えて、12時間ほど冷蔵庫に入れる。
④ 濾しながらボトリングして、冷蔵庫で保存する。

バーテンダー談 どんな モクテル？

水にコーヒー豆の成分を抽出してコーヒーが出来るように、コーヒーはフレーバーウォーターの一種と捉えて、コーヒーフレーバーのノンアルコールジンを作ろうという発想に至りました。度数が比較的高く、風味がしっかりとしたジンを使って、ボディ感やフレーバーを補っています。コーヒー豆は、グレープフルーツのようなシャープな酸味を感じるタイプ。レモンとシロップを合わせる前提で、材料の構成を考えました。

ライク コープス リバイバー

Like Corpse Reviver

ABV 0%

★ ★ ★

心地良い酸味で目が醒める

▰ MOCKTAIL RECIPE ▰

材 料

ノンアル コーヒージン※1	40ml
ノンアル リレブランシロップ※2	20ml
アイスコーヒー（ケニア産 ツングリ）	20ml
レモンジュース	5ml

作り方

❶ 材料をシェイクして、カクテルグラスにダブルストレイン。

バーテンダー談 どんな モクテル？

クラシックカクテルの「コープス リバイバー No.2」をノンアルコールで創作しました。「自家製ノンアルコール コーヒージン」(p.170)で作ったジンと、元のレシピにあるリレブランをシロップにしたもの、レモンジュースの組み合わせです。これだけでも成り立ちますが、コーヒーを加えると味わいに厚みが出ます。シロップに使う柑橘のピールは、何でもOK。僕はジュースを搾った後の皮を活用していて、レモン、グレープフルーツ、オレンジを混ぜています。

※1［ノンアル コーヒージン］
材料：水 1500ml ／ジン（ボンベイサファイア）100ml ／グレープフルーツピール 50g ／ジュニパーベリー 20g ／カルダモン 2粒／ジャスミンティー（ティーバッグ）1袋／コーヒー（ケニア産 ツングリ）50g
① ジャスミンティーとコーヒー以外の材料を鍋に入れて、火にかける。
② 沸騰したら、弱火で1時間煮詰めて冷ます。
③ ジャスミンティーとコーヒーを加えて、12時間ほど冷蔵庫に入れる。
④ 濾しながらボトリングして、冷蔵庫で保存する。

※2［ノンアル リレブランシロップ］
材料：余った白ワインまたは料理用白ワイン 400ml ／ドライベルモット（ドラン シャンベリー ドライ）100ml ／グラニュー糖 200g ／ハチミツ 200g ／柑橘のピール 20g
① 材料を鍋に入れて沸騰させ、弱火で2時間煮詰める。
② 粗熱を取って、冷蔵庫に24時間入れる。
③ 濾しながらボトリングして、冷蔵庫で保存する。

［コープス リバイバー No.2の
スタンダードレシピ］
材料：ジン 15ml ／コアントロー 15ml ／キナ リレ（リレ ブラン）15ml ／レモンジュース 15ml ／アブサン 1dash
① 材料をシェイクして、カクテルグラスに注ぐ。

TIGRATO

コーヒー スカッシュ

Coffee Squash

ABV 0%

★ ★ ☆

コーヒー × スパイス × ソーダ

MOCKTAIL RECIPE

材 料

アイスコーヒー（ニカラグア産 エル・ケッツァル）	50ml
ベルモット風シロップ※	10ml
シンプルシロップ	10ml
レモンジュース	8ml
ソーダ	適量

作り方

❶ 氷を入れたタンブラーにソーダ以外の材料を注いで、ステアする。

❷ ソーダを加えて、軽く混ぜる。

※［ベルモット風シロップ］

材料：余った白ワインまたは料理用白ワイン 400ml ／ドライベルモット（ドラン シャンベリー ドライ）100ml ／グラニュー糖 400g ／柑橘のピール 20g ／アブサン 4g

① 材料を鍋に入れて沸騰させ、弱火で2時間煮詰める。

② 粗熱を取って、冷蔵庫に24時間入れる。

③ 濾しながらボトリングして、冷蔵庫で保存する。

バーテンダー談 どんな モクテル？

「コーヒーサイダー」や「コーヒースカッシュ」、「エスプレッソーダ」など、コーヒーとソーダをコンビにした商品の歴史は意外と古いものの、国内ではなかなか根付かないのが現状。より美味しく飲みやすく、複雑な風味を感じて頂けるようにベルモット風シロップを加えて仕上げました。当店で以前からオンメニューしているモクテルで、暑い日にご注文頂くことが多いです。

TIGRATO

キウイとルッコラのモクテル
Kiwi & Arugula Mocktail

ABV 0%

★ ☆ ☆

スムージー感覚で飲めるヘルシーなモクテル

MOCKTAIL RECIPE

材 料

キウイ	1個
グレープフルーツ ジュース	10ml
レモンジュース	5ml
シンプルシロップ	5ml
水	30ml
ルッコラ	適量

作り方

❶ 材料と少量のクラッシュドアイスをミキサーに入れて、攪
拌する。

❷ 氷を入れたロックグラスに注ぐ。

バーテンダー談 どんな モクテル？

キウイとグレープフルーツの甘酸っぱさの中にルッコラの辛味が効いた、フルーティで
ヘルシーなモクテルです。濾さずにグラスへ注ぐので食感があり、スムージー感覚で召
し上がって頂けます。桃やバナナなど、濃厚でねっとりとしたフルーツをメインにしても。
クラッシュドアイスの量を多くすれば、フローズンモクテルになります。

TIGRATO

ブドウとルイボスティーの モクテル

Grape & Rooibos tea Mocktail

ABV 0%

★ ☆ ☆

抗酸化作用が期待できる一杯!?

MOCKTAIL RECIPE

材料

ブドウ	4粒
ルイボスティー	60ml
レモンジュース	10ml
シンプルシロップ	12ml
ソーダ	適量

作り方

❶ タンブラーにブドウを入れて、ペストルで潰す。

❷ ソーダ以外の材料を加えて、ステアする。

❸ クラッシュドアイスを8分目まで入れてソーダを注ぎ、軽く混ぜる。

バーテンダー談 どんな モクテル?

美容や健康に良いとされ、ノンカフェインでどなたでも安心して飲めるルイボスティー。その独特な風味が敬遠されることもありますが、フルーツを使ったカクテルに加えるとうまく調和してくれます。さらに、ルイボスティーとビタミンCを一緒に取ると抗酸化作用の相乗効果が期待できるとか。作るときは❶でブドウを皮ごと潰して、渋みと香りを出すようにするのがポイントです。

苺とアールグレイの
モクテル

Strawberry & Earl Grey Mocktail

ABV 0%

★ ☆ ☆

苺の果肉感とベルガモットの香りを楽しんで

MOCKTAIL RECIPE

材　料

苺	4粒
アールグレイ	90ml
グレープフルーツ ジュース	15ml
レモンジュース	5ml
シンプルシロップ	10ml

作り方

❶ ボストンシェーカーに苺を入れて、ペストルで潰す。

❷ 残りの材料を加えてシェイクし、カクテルグラスに注ぐ。

バーテンダー談 どんな モクテル？

ケーキやムース、タルトといったスイーツに代表されるように、苺とアールグレイの組み合わせは間違いないですよね。ただ、フルーツの風味に負けないようアールグレイを90ml入れています。ベルガモットの香りと、苺の果肉感がフレッシュで爽やかな一杯。グレープフルーツは材料同士のつなぎ役やアクセントにもなり、バランスの良いレシピ作りに役立ってくれます。

カプレーゼ

Caprese

ABV 3%

カプレーゼをすっきりとした味わいのカクテルに

COCKTAIL RECIPE

材　料

バジルウォッカ※1	20ml
クリアトマト ジュース※2	20ml
ホエイ※3	30ml
レモンジュース	8ml
シンプルシロップ	10ml

ガーニッシュ

ブラックペッパー	1つまみ

作り方

❶ 材料をシェイクして、カクテルグラスにダブルストレイン。
❷ ブラックペッパーをかける。

※1 [バジルウォッカ]
材料：ウォッカ 100ml ／水 200ml ／
フレッシュバジル 2g
① 材料をミキサーで撹拌して、茶こしなど
　で濾す。
② ボトリングして、冷凍庫に入れる。

※2 [クリアトマト ジュース]
材料：トマト 適量
① トマトをミキサーで撹拌し、鍋に入れ
　て火にかける。
② 沸騰する直前で火を止める。
③ コーヒーフィルターで濾す。

※3 [ホエイ]
材料：ヨーグルト 適量
① ヨーグルトをコーヒーフィルターで濾す。

バーテンダー談 どんなカクテル？

イタリア料理のサラダ「カプレーゼ」をカクテルで表現しました。少し手間はかかりますが、バジルウォッカはブラッディメアリー、クリアトマトはモヒート、ホエイはアレキサンダーやグラスホッパーと、ほかのカクテルにも応用できます。バジルウォッカのように短時間で素材のフレーバーをスピリッツに移すなら、ミキサーが便利。水を加えているのは、アルコール度数を落とすためです。パクチーやカルダモンなど、いろいろなハーブやスパイスで試してみてはいかがでしょうか。

TIGRATO

Bartender
高宮裕輔

「バーテンダーの仕事の幅を広げる」をテーマに、
その経験を活かしてコーヒーカクテルの追求やジェ
ラート製造を行う。カクテルセミナーや、国内最
大のジェラートイベント「ジェラートワールドツアー
2019」などで講師を務める一方、商品開発コンサ
ルティングやイベント企画、商品PRなどを手掛け
る。お酒、農業、ジェラート、コーヒーなどのプランナー
としても活動。株式会社はくすけ 代表取締役。

Bar info

TIGRATO 東京都千代田区六番町13-6 ASビル 1F TEL:03-5214-1122

Mocktail
&
Low-ABV Cocktail
Recipes

CASE.08

The Bar Sazerac
Yasuhiro Yamashita

The Bar Sazerac

グリーン フェアリー
トニック

Green Fairy Tonic

ABV 0%

★ ☆ ☆

緑の妖精とセロリのジントニック

MOCKTAIL RECIPE

材 料

ノンアルコールジン（ネマ 0.00% アブサン）	30ml
グレープフルーツ ジュース	30ml
レモンジュース	10ml
セロリ	30g
トニックウォーター（シュウェップス）	適量

※［セロリソルト］
材料：セロリの葉、塩 各適量
① セロリの葉を3 ～ 4日ほど乾燥させた後、ブレンダーで攪拌する。
② ①と同量の塩を焦がさないように弱火でサラサラになるまで炒め、①と混ぜる。

ガーニッシュ

セロリの葉	1本
セロリソルト※	適量

作り方

❶ セロリソルトでタンブラーをリムする。
❷ トニックウォーター以外の材料をブレンダーに入れて、攪拌する。
❸ ❷を漉しながら❶に注ぐ。
❹ トニックウォーターで満たして、軽く混ぜる。
❺ セロリの葉を飾る。

バーテンダー談 どんな モクテル？

ピカソやマネの作品に登場し、数々の芸術家たちを虜にした"緑の妖精"アブサンとセロリのノンアルコール ジントニックです。どちらも緑色で独特な風味があるものの相性が良く、グレープフルーツとトニックウォーターを加えることで飲みやすい口当たりになりました。セロリソルトは味わいだけでなく、グラスに鼻を近づけたときに広がる香りのアクセントにもなっています。

The Bar Sazerac

バーダック ジンジャー
Burdock Ginger

ABV 2.5%
★ ★ ☆

発酵ジンジャーエールを使ったモスコーミュール

COCKTAIL RECIPE

材 料

ゴボウウォッカ※	10ml
茗荷	1/2本
グレープフルーツ ジュース	20ml
ライムジュース	10ml
発酵ジンジャーエール（しょうがのむし）	70m
ソーダ	50ml

ガーニッシュ

シナモンスティック	1本
スターアニス	1個
茗荷	1/2本

※［ゴボウウォッカ］
材料：ウォッカ（スミノフ）200ml ／水洗いしたゴボウ 80g
① 材料をブレンダーで攪拌して、冷蔵庫に1日入れる。
② コーヒーフィルターで濾す。

［モスコーミュールのスタンダードレシピ］
材料：ウォッカ 45ml ／ライムジュース 15ml ／ジンジャービア 適量
① 氷を入れたマグ（またはタンブラー）に、ウォッカとライムジュースを注ぐ。
② ジンジャービアで満たして、軽くステアする。

作り方

❶ ジンジャーエールとソーダ以外の材料をブレンダーに入れて、攪拌する。

❷ ティーストレイナーで濾しながら、氷を入れた銅製マグに注ぐ。

❸ ジンジャーエールとソーダを加えて、軽く混ぜる。

❹ シナモンスティックとスターアニスを炙る。

❺ ❹と茗荷を❸に飾る。

バーテンダー談 どんなカクテル？

「見沼田んぼ（さいたま市見沼区）を再生したい」という思いから生まれた発酵ジンジャーエールを使って、モスコーミュールをツイストしました。田んぼから土を連想してゴボウ、生姜と相性が良く爽やかな茗荷を選び、シナモンとアニスでより複雑なスパイシーさをプラスしています。鼻を近づけた時に飛び込んでくるさまざまな香りと、口にした時の爽快感をお楽しみください。

The Bar Sazerac

パインでコーヒー

Coffee with Pine

ABV 3.1%

★ ★ ☆

甘いココナッツの香りとコクのある味わいがたまらない

COCKTAIL RECIPE

材 料

Ⓐココナッツリキュール インフューズ コーヒービーンズ※1
　　　　　　　　　　　　　　　　　　　　　　　　15ml
Ⓐ発酵パイナップル※2 ···························· 120ml
Ⓑコーヒー粉(深煎り) ······························· 15g
Ⓑお湯 ·· 20ml
フェルネットブランカ ································ 5ml

ガーニッシュ

ドライパイン(ディハイドレーターで乾燥) ········· 1枚

作り方

❶ コーヒードリッパーにペーパーフィルターをセットし、Ⓑで蒸らす。

❷ Ⓐの材料を❶に入れて、抽出する。

❸ ボストンシェーカーに移し、フェルネットブランカを加えてシェイクする。

❹ グラスにダブルストレインして、ドライパインを飾る。

※1［ココナッツリキュール インフューズ
　　　　　　　　 コーヒービーンズ］
素材：ココナッツリキュール(マリブ)
200ml／コーヒー豆 10g
① ココナッツリキュールにコーヒー豆を1日浸けて、濾す。

※2［発酵パイナップル］
材料：パイナップル、グラニュー糖 各適量
① パイナップルをカットして、計量する。
②①に対して80%のグラニュー糖を加える。
③ 5日間発酵させて、濾す。

バーテンダー談 どんな カクテル？

あるカクテルコンペティションでコーヒーとクランベリージュースを組み合わせたレシピを拝見して、自分でもいろいろなジュースで試してみたところ、最もしっくりきたのがパイナップルでした。ただ、普通のジュースではなく、発酵パイナップルを使って発酵系の旨味や甘味、香りをしっかりと付けています。さらに、パイナップルと相性の良いココナッツのリキュールを加えてコクを出し、フェルネットブランカの苦味で全体の味わいを引き締めました。

花水木
Hanamizuki

ABV 0%

★ ★ ☆

ダマスクローズの香りが鼻に抜けていく

MOCKTAIL RECIPE

材　料

ダマスクローズ蒸留水※	20ml
黒文字茶	20ml
ノンアルコール アペリティフ ビター（アーコーン）	20ml

※［ダマスクローズ蒸留水］
材料：ダマスクローズ（ドライ）10g ／水 200ml
① ダマスクローズと水を蒸留器で蒸留して、濾す。

ガーニッシュ

ドライリーフ	1枚

作り方

❶ 材料をワイングラスに入れて、スワリングする。
❷ バラの氷を入れた升に注ぎ、ドライリーフを飾る。

バーテンダー談 どんな モクテル？

4月から5月にかけて花を咲かせ、10月頃に赤い実をつけるハナミズキ。どの季節にも美しい姿を見せてくれる植物をカクテルの名前にしたいとずっと考えていました。ダマスクローズが花、蒸留水が水、黒文字が木を表しています。それらだけだとややボディが軽いので、ビターズをプラスして和風ネグローニのように仕上げました。ワイングラスで香りが開くのを確かめながら、スワリングしてみてください。

The Bar Sazerac

キューカンバー
ローズ ガーデン

Cucumber Rose Garden

ABV 0%

★ ★ ☆

スコットランドのジンを分解して再構築

材　料

シップスミス0.5%	30ml
レモンジュース	20ml
キュウリ	30g
食用バラジャム （ROSE LABO コンフィチュール ローズ）	25g
卵白	1個
ローズウォーター	3スプレー

ガーニッシュ

ローズ エディブルフラワー	適量

作り方

❶ 卵白とローズウォーター以外の材料をブレンダーに入れて、撹拌する。

❷ 卵白を加えて再度撹拌し、ボストンシェーカーに入れる。

❸ シェイクして、クープグラスにダブルストレイン。

❹ ローズウォーターをスプレーして、ローズ エディブルフラワーを飾る。

バーテンダー談　どんなモクテル？

香草や薬草など11種類のボタニカルとバラの花びら、キュウリのエキスを使ったジン「ヘンドリックス」を分解して再構築したショートスタイルのサワーカクテルをモクテルにしてみました。埼玉県深谷市で農薬を使わずに育てられているバラのジャムには花びらが入っていて、ガーニッシュと併せるとより華やかになります。分離しないよう、はじめは卵白を入れずにブレンダーで撹拌して、後から卵白を加えるのがポイントです。

The Bar Sazerac

オマージュ
Hommage

ABV 0%

★ ☆ ☆

ジン バジル スマッシュに敬意をこめて

MOCKTAIL RECIPE

材 料

ジャスミン茶	45ml
巨峰	4〜5個
セージリーフ	3枚
ワインビネガー	2tsp

ガーニッシュ

赤ワインソルト※	適量
セージリーフ	1枚

※［赤ワインソルト］

材料：赤ワイン 80ml ／塩 適量

① 赤ワインを鍋で煮詰める。

② ①と同量の塩を焦がさないように弱
火でサラサラになるまで炒める。

③ ①と②を混ぜる。

作り方

❶ 赤ワインソルトでロックグラスをハーフリムする。

❷ 材料をボストンシェーカーに入れて、巨峰とセージリーフを
ペストルで潰す。

❸ クラッシュドアイスを2cup加えて、シェイクする。

❹ ❶に注いで、セージリーフを飾る。

バーテンダー談　どんな モクテル？

ドイツ・ハンブルクで生まれた、新しいスタンダードカクテル「ジン バジル スマッシュ」。
このカクテルが好きで、尊敬の念を抱きながらいろいろなフルーツとハーブを組み合わ
せたアレンジを作ってきました。アルコール入りで作る時は、ジャスミンの茶葉をシェリー
（フィノ）に浸けたものをベースにしています。クラッシュドアイスでシェイクするとすぐに
冷えて、しっかり振らなくても混ざります。氷が溶けやすいので、4〜5回振る程度に抑え
てください。

The Bar Sazerac

ルッコラサワー
Arugula Sour

ABV 0%

★ ★ ☆

生ハムとチーズを食べながら飲むサワーモクテル

MOCKTAIL RECIPE

材 料

タンカレー0.0%	30ml
グレープフルーツ ジュース	30ml
レモンジュース	20ml
ルッコラ	20g
シンプルシロップ	5ml
塩	1つまみ
卵白	1個

ガーニッシュ

ドライ生ハム（ディハイドレーターで乾燥）	1枚
パリパリチーズ（ミックスチーズを電子レンジで2分温めたもの）	1枚

作り方

❶ 卵白以外の材料をブレンダーに入れて、撹拌する。
❷ 卵白を加えて再度撹拌し、ボストンシェーカーに入れる。
❸ シェイクして、クープグラスにダブルストレイン。
❹ ガーニッシュを飾る。

バーテンダー談 どんな モクテル？

さいたま市で推進しているヨーロッパ野菜を使って創作した、ルッコラのサワーをノンアルコールにアレンジした一杯です。生ハムとルッコラのサラダやピザがあることから、生ハムとチーズをガーニッシュにしました。野菜が入っているので塩を1つまみ入れると旨味が引き立ち、味がまとまります。ルッコラ以外に、アブサンスプレーをかけて仕上げるフェンネルサワーも同じようなレシピで作っています。

コープスリバイバー No.0

Corpse Reviver No.0

ABV 0%

★ ★ ★

これを飲めば何かが蘇るかも!?

MOCKTAIL RECIPE

材料

タンカレー0.0%	30ml
ニガヨモギ蒸留水※1	10ml
レモンジュース	10ml
ノンアルコール アペリティフ ビター(アーコーン)	10ml
ホーリーバジル コーディアル※2	5ml

作り方

❶ 材料をシェイクして、ドクロ型の氷を入れたロックグラスに注ぐ。

※1［ニガヨモギ蒸留水］
材料：ニガヨモギ 30g／水 200ml
① ニガヨモギと水を蒸留器で蒸留して、濾す。

※2［ホーリーバジル コーディアル］
材料：ホーリーバジル 25g／水 200ml／砂糖 100g／レモンジュース 10ml
① ホーリーバジルと水を鍋に入れて、火にかける。
② 沸騰したら火を止めて、数分置く。
③ 砂糖を入れて溶かし、レモンジュースを加えて混ぜる。

［コープス リバイバー No.2の
　　　　　　　スタンダードレシピ］
材料：ジン 15ml／コアントロー 15ml／キナ リレ(リレ ブラン) 15ml／レモンジュース 15ml／アブサン 1dash
① 材料をシェイクして、カクテルグラスに注ぐ。

バーテンダー談 どんな モクテル?

"死者を蘇らせる"という意味のカクテル「コープス リバイバー」。ジンはノンアルコール、アブサンは主原料のニガヨモギを蒸留水にして、ビター感とボディを補うためにアペリティフ ビターを加えています。インドの伝統医学・アーユルヴェーダで「不老不死の霊薬」とされるホーリーバジルと、ドクロ型の氷で死者を蘇らせるイメージを表現しました。

The Bar Sazerac

日曜日の朝
Sunday Morning

ABV 3.3%
★ ★ ★

オレンジ風味のヨーグルトを口にする感覚で

COCKTAIL RECIPE

材 料

カンパリ ヨーグルト ウォッシュ※1	20ml
オレンジ マーマレードジャム※2	25g
グレープフルーツ ジュース	40ml
レモンジュース	20ml
卵白	1個
オレンジフラワー ウォーター	3スプレー

ガーニッシュ

ドライオレンジ（ディハイドレーターで乾燥）	1枚

作り方

❶ 卵白とオレンジフラワー ウォーター以外の材料をブレンダーに入れて、撹拌する。

❷ 卵白を加えて、再度撹拌する。

❸ ボストンシェーカーに移してシェイクし、クープグラスにダブルストレイン。

❹ オレンジフラワー ウォーターをスプレーして、ドライオレンジを飾る。

※1 [カンパリ ヨーグルト ウォッシュ]
材料：カンパリ 300ml ／ヨーグルト（プレーン）200g
① 材料をボウルに入れて、ゆっくりと混ぜる。
② 5 〜 6時間経って分離したら、コーヒーフィルターで濾す。

※2 [オレンジ マーマレード ジャム]
材料：オレンジ、グラニュー糖、水 各適量
① オレンジの皮と実をカットする。
② 皮と水を鍋に入れて火にかけ、強火で2 〜 3回茹でこぼす。
③ ②を細かく刻み、実と合わせて総量を量る。
④ ③の半量のグラニュー糖を加え、ひたひたになる程度の水を入れてとろみが出るまで中火で煮詰める。
⑤ 粗熱を取って、熱湯消毒した瓶に移す。

バーテンダー談 どんな カクテル？

自家製のオレンジ マーマレード ジャムとジンで創作したマーマレードサワーと、ホワイトスプモーニを作る際に使っているカンパリ ヨーグルト ウォッシュを混ぜた、カンパリオレンジをサワーカクテルにしたような一杯です。それぞれ別のカクテルで使用する自家製素材を合わせてみると、思いがけない発見があるかもしれません。休日の朝、オレンジ風味のヨーグルトを口にする感覚で召し上がってみてください。

The Bar Sazerac

旨味スパイストマト
Umami Spice Tomato

ABV 3.2%
★ ★ ★

浅利と昆布の旨味&スパイスが効いた一杯

COCKTAIL RECIPE

材料

ウォッカ インフューズ スパイス※1	10ml
浅利蒸留水※2	30ml
クリアトマト※3	70ml
レモンジュース	10ml
ハニーウォーター※4	5ml

ガーニッシュ

昆布ソルトアイレ※5	適量
ドライトマト(ディハイドレーターで乾燥)	1枚
ブラックペッパー	適量

作り方

❶ ボストンシェーカーに材料を入れて、スローイングする。
❷ ロックグラスに注いで、氷を入れる。
❸ アイレとドライトマトを飾り、ブラックペッパーをかける。

バーテンダー談 どんなカクテル？

浅利と昆布を使ったブラッディシーザーのツイストです。関西から関東へとその人気が伝わった「出汁カレー」からヒントを得て、スパイスと出汁の旨味をカクテルに詰め込みました。当店で作っているキーマカレーのスパイスをウォッカ インフューズ スパイスに入れています。蒸留水やクリアトマトを使っているため、透明に近いトマトカクテルになりました。

※1 [ウォッカ インフューズ スパイス]
材料:ウォッカ(スミノフ) 100ml /カルダモン 1個/クミン 2g/フェヌグリーク 1g /ティンプール 1g/フェンネルシード 1g /アニスシード 1g
① ウォッカにスパイスを2日ほど浸け込み、濾す。

※2 [浅利蒸留水]
材料:浅利(砂抜きしたもの) 150g /水 300ml /塩 小さじ1
① 材料を鍋に入れて火にかけ、沸騰させる。
② 蒸留器に移して蒸留し、濾す。

※3 [クリアトマト]
材料:トマト 2個
① トマトをブレンダーで攪拌し、コーヒーフィルターで濾す。

※4 [ハニーウォーター]
材料:蜂蜜、水 各適量
① 蜂蜜と水を1:1の割合で鍋に入れて火にかけ、沸騰したら火を止めて冷ます。

※5 [昆布ソルトアイレ]
材料:昆布 5g /水 200ml /塩 少々 /大豆レシチン 少々
① 材料をグラスに入れて、水槽ポンプで泡を作る。

[ブラッディシーザーのスタンダードレシピ]
材料:ウォッカ 45ml /クラマトジュース 適量/レモンジュース 1tsp
① 氷を入れたタンブラーに材料を注いで、ステアする。
② 好みで塩、胡椒、タバスコ、ウスターソースなどを添える。

205

The Bar Sazerac
Bartender
山下 泰裕

料理の専門学校を卒業後、京都・木屋町のダイニングバーで勤務。カウンター業務をこなす中でバーテンダーという仕事の楽しさに目覚め、地元・埼玉県に戻り大宮のバー「The Bar ALCAZAR」に入店する。その後、同じ大宮のバー「The Bar Finlaggan」、上野と神保町の「Cocktail Works」で研鑽を積み、2018年に独立して「The Bar Sazerac」をオープン。ヨーロッパ野菜など埼玉県産の農産物を広めようと、造り手の元へ実際に足を運んで学び、カクテルに取り入れている。

Bar info

The Bar Sazerac 埼玉県さいたま市大宮区仲町2-42 セッテイン 5F-B　TEL：048-783-4410

Mocktail
&
Low-ABV Cocktail
Recipes

the bar nano. gould.
Kenichi Tomita

忍者走り［和製プッシーフット］
Ninja Running

ABV 0%

オレンジジュースをなめらかに香ばしく

MOCKTAIL RECIPE

材料

オレンジジュース	45ml
レモンジュース	10ml
ほうじ茶シロップ※	15ml
卵黄	1個分

ガーニッシュ

ほうじ茶葉、シンプルシロップ	各適量

作り方

❶ カクテルグラスの外側にシンプルシロップを塗り、ほうじ茶葉を付ける。

❷ 卵黄をボウルに入れて、ホイッパーで滑らかにする。

❸ ❷と残りの材料をシェイクして、❶に注ぐ。

※[ほうじ茶シロップ]
材料：ほうじ茶葉 15g／シンプルシロップ 700ml
① 鍋に材料を入れて、沸騰する直前まで温める。
② 火を止めて一晩置いたら、濾す。

[プッシーフットのスタンダードレシピ]
材料：オレンジジュース 45ml／レモンジュース 15ml／グレナデンシロップ 1tsp／卵黄 1個分
① 材料を充分にシェイクして、シャンパングラスまたは大型のカクテルグラスに注ぐ。

バーテンダー談 どんな モクテル？

ノンアルコールカクテルの「プッシーフット」に入っているグレナデンシロップを自家製のほうじ茶シロップに変えて、和風にツイストしました。チョコレートやスモークのような香りのするほうじ茶シロップを使ったモクテルが、当店で人気だったこともヒントになっています。使用する茶葉によっては味がかなり濃く出る場合もあるので、様子を見ながら調整してみてください。プッシーフットには、"忍び足"の意味があります。

the bar nano. gould.

珈琲とアマレットのサワー
Coffee & Amaretto Sour

ABV 0%

★ ☆ ☆

モコモコの泡にココアパウダーが映える

MOCKTAIL RECIPE

材　料

ドリップしたコーヒー	60ml
アマレットシロップ（モナン）	15ml
レモンジュース	10ml
卵白（七分立て）	1個分
ソーダ	適量

ガーニッシュ

ココアパウダー	適量

作り方

❶ ソーダ以外の材料をシェイクする。

❷ タンブラーに注いで、氷を1個加える。

❸ 泡が落ち着いたら、静かにソーダを注ぐ。

❹ ココアパウダーをかける。

バーテンダー談 どんな モクテル？

モコモコと泡立った卵白の上にココアパウダーの茶色が映える、画的に可愛らしいサワーです。モクテルは、見た目も楽しいほうがいいですよね。コーヒーはお好みのものでかまいませんが、当店では札幌・丸美珈琲店のゲイシャ種を使っています。コーヒーとレモンの酸味にアマレットの甘味とほろ苦さを加えて、甘ざっぱりとした味わいに。先にボウルで卵白を立ててから、大きめの氷をひとつ入れてシェイクしています。

プロテインと抹茶、オーツミルクのモクテル

Protein & Oat milk Mocktail

ABV 0%

★ ☆ ☆

トレーニングの前後に美味しく栄養補給

MOCKTAIL RECIPE

材料

ソイ プロテイン（グリーンベジズ イン プロテイン）	1tbsp
抹茶（粉末）	1tbsp
パイナップルジュース	60ml
オーツミルク（マイナーフィギュア オーガニック オーツミルク）	60ml
シンプルシロップ	10ml

ガーニッシュ

亜麻（粉末）	少量

作り方

❶ 材料をシェイクして、ワイングラスに注ぐ。

❷ 氷を加えて、亜麻をかける。

バーテンダー談　どんなモクテル？

フィットネスクラブに通うお客さまからの「プロテインをもっと美味しく飲みたい」「味に変化をつけたい」というご要望から生まれた一杯です。プロテインに牛乳よりさっぱりした味わいのオーツミルクと、フレーバーとして人気の高かった抹茶を合わせました。パイナップルの甘味は鼻と舌に残りやすく、泡立ちが良いのでふわっとした仕上がりになります。粗みじんにカットした冷凍パイナップルを氷の代わりに加えて、ブレンダーでトロッとした食感にしても。

アニスとシェリービネガーの
モクテル

Anise & Sherry Vinegar Mocktail

ABV 0%

万能なアニスシロップに酸味を効かせて

MOCKTAIL RECIPE

材　料

アニスシロップ※	20ml
シェリービネガー	10ml弱
トニックウォーター	90ml

ガーニッシュ

グレープフルーツ ピール	1片

[アニスシロップ]

材料：乾燥スターアニス（ホール）30g
／シンプルシロップ 700ml

① 鍋に材料を入れて、沸騰する直前まで温める。
② 火を止めて一晩置いたら、濾す。

作り方

❶ 氷を入れたオールドファッションド グラスに材料を注いで、軽く混ぜる。

❷ グレープフルーツ ピールをグラスの縁に飾る。

註：シェリービネガーはビターズボトルに入れると微調整ができ、扱いやすい。

バーテンダー談 どんな モクテル？

フルーツカクテルと相性が良いアニスシロップは、その香りが下地になって全体的に甘い印象を残してくれる縁の下の力持ちのような存在。今回はアニスシロップをメインにして、フルーツ以外で合う酸味を探していたところシェリービネガーにたどり着きました。果汁を使うと液体が濁りますが、ビネガーなら透明感が出せます。香りの演出として、レモンピールよりもやさしい酸味のグレープフルーツピールを飾っています。

the b a r n a no. gould.

赤紫蘇の
微炭酸ネグローニ

Red Shiso Lightly Sparkling Negroni

ABV 4.5%

★ ★ ☆

薬草系リキュールの代わりに赤紫蘇を使って

COCKTAIL RECIPE

材料

赤紫蘇ジュース※	30ml
ノンアルコールジン(ネマ 0.00% アブサン)	15ml
ジン(モンキー 47)	10ml
ビターシロップ(モナン)	10ml
ソーダ	40ml

ガーニッシュ

レモンピール	1片

作り方

❶ 氷を入れたオールドファッション グラスにソーダ以外の材料を注いで、ステアする。

❷ ソーダを加えて、軽く混ぜる。

❸ レモンピールをグラスの縁に飾る。

※[赤紫蘇ジュース]
材料:赤紫蘇 300g ／沸騰したお湯 2000ml ／上白糖 500g ／クエン酸 25g ／サザンカンフォート 30ml(無くても可)

① 赤紫蘇をお湯で15分ほど煮出す。

② ①を濾し、上白糖、クエン酸、サザンカンフォートを加えて火にかけ、沸騰させてアルコールを飛ばす。

③ 粗熱を取って、冷蔵保存する。

[ネグローニのスタンダードレシピ]
材料:ジン 30ml ／スイートベルモット 30ml ／カンパリ 30ml

① 氷を入れたオールドファッション グラスに材料を注いで、ステアする。

② オレンジスライスを飾る。

バーテンダー談 どんなカクテル？

ニセコへ訪れた際に知り合いの農家から分けて頂いた赤紫蘇でジュースを作ったら、薬草系リキュールのような濃厚な味わいで、これをリキュールの代わりにしてみようと考えたのが創作のきっかけです。ジンにモンキー 47を選んだのは、ほかの材料にはないグレープフルーツやラベンダーの香りが強く、風味を複層的にしてくれるから。サザンカンフォートが無くても赤紫蘇ジュースは作れますが、入れると味わいがさらに膨らみます。

とうもろこしと
ホワイトチョコレートの
モクテル

Corn & White Chocolate Mocktail

ABV 0%

★ ★ ★

フレンチレストランのスープから着想

MOCKTAIL RECIPE

材 料

バターで蒸し焼きにしたとうもろこしのピュレ※1 ┄┄┄	25g
ホワイトチョコレート シロップ(モナン)┄┄┄┄┄┄	20ml
生クリーム ┄┄┄┄┄┄┄┄┄┄┄┄┄┄┄┄┄┄	20ml
サワークリーム ┄┄┄┄┄┄┄┄┄┄┄┄┄┄┄┄	15g
タイティーシロップ※2 ┄┄┄┄┄┄┄┄┄┄┄┄┄	15ml

註：サワークリームは、ヨーグルトメーカーで生クリームに
　　ヨーグルトを加えて発酵させ、好みの酸味にすることも
　　出来る。

ガーニッシュ

メープルシュガー、コーヒー粉末 ┄┄┄┄┄┄┄┄	各適量

作り方

❶ 材料をボストンシェーカーに入れて、充分にシェイクする。
❷ カクテルグラスに注いで、ガーニッシュを浮かべる。

※1 [とうもろこしのピュレ]
材料：とうもろこし 1本／無塩バター
10g／塩 小さじ1／水 適量
① 鍋にバターを入れて火にかけ、溶かす。
② とうもろこしの実を加えて塩を振り、軽
　く焼き目が付く程度の蒸し焼きにする。
③ 別の鍋にとうもろこしの芯を割り入れ、
　ひたひたになるくらいの水を加えて水
　分量が1/4になるまで煮詰める。
④ ②と③をフードプロセッサーで数分撹
　拌して、粗目のザルで濾す。

※2 [タイティーシロップ]
材料：タイティー茶葉(チャトラムー)
25g／シンプルシロップ 700ml
① 鍋に材料を入れて、沸騰する直前ま
　で温める。
② 火を止めて一晩置いたら、濾す。

バーテンダー談 どんな モクテル？

フレンチレストランで美味しいビシソワーズやポタージュが出てくる度に、なんとかカクテ
ルに落とし込めないかと考えていました。ただ、野菜を液体にしてもスープの印象が強
いので、カクテルとして成り立つようサワークリームの酸味とホワイトチョコのやさしい甘
味、タイティーのバニラ香を加えて複雑味を出しています。タイティー以外でも、個性的
な茶葉があればシロップにしてみると面白いかもしれません。

KFC フィズ

KFC FIZZ

ABV 0%

★ ★ ☆

あのフライドチキンがジンフィズに⁉

MOCKTAIL RECIPE

材 料

KFCシロップ※	30ml
ノンアルコールジン（ネマ 0.00% スタンダード）	15ml
レモンジュース	15ml
ソーダ	60ml

作り方

❶ ソーダ以外の材料をシェイクして、タンブラーに注ぐ。
❷ 氷とソーダを加えて、軽く混ぜる。

バーテンダー談 どんな モクテル？

飲食店の営業時間や酒類提供が制限されていた時期、近所のKFCに行列が出来ていたのを眺めながら思い付いたのがKFCシロップ。以前からベーコンフレーバーのウォッカをトマトジュースで割ったカクテルが好評で、再度お肉を使ったメニューを創作したいと考えていました。各スパイスの量は、お好みで変更してもかまいません。KFCのスパイシーなオリジナルチキンをイメージした、ジンフィズのツイストです。

※[KFCシロップ]
材料：Ⓐフライドチキン（KFC オリジナルチキン／皮、肉、骨をすべてほぐす）3本／シンプルシロップ 700ml
Ⓑ黒胡椒 8g ／白胡椒 8g ／ガーリックパウダー 4g ／ジンジャーパウダー 3g ／パプリカパウダー 3g ／オールスパイス 2g ／ナツメグ 2g ／セージ 2g ／タイム 2g ／マジョラム 1g ／チリパウダー 1g ／シンプルシロップ 700ml

① 鍋にⒶを入れて、沸騰する直前まで温める。
② 火を止めて一晩置き、粗目のザルで濾して冷凍する。
③ 油分が固まったら、液体が綺麗になるまでさらしで濾す作業を繰り返す。
④ 鍋にⒷを入れて、沸騰する直前まで温める。
⑤ 火を止めて一晩置き、粗目のザルで濾して③と合わせる。

[ジンフィズのスタンダードレシピ]
材料：ジン 45ml ／レモンジュース 20ml ／砂糖 2tsp ／ソーダ 適量
① ソーダ以外の材料をシェイクして、タンブラーに注ぐ。
② ソーダで満たして軽くステアする。

レモンマートル香る
レモンサワー

Fragrant Lemon myrtle Sour

ABV 2.8%

★ ★ ★

222

日本酒ベースのレモンサワー

▰ COCKTAIL RECIPE ▰

材 料

純米酒（上川大雪 彗星 特別純米）………………	20ml
レモンマートル蒸留水※1 ………………………	20ml
ミントシロップ※2 ………………………………	15ml
クエン酸 …………………………………………	少量
ソーダ ……………………………………………	60ml

ガーニッシュ

グレープフルーツ ピール ………………………	1片

作り方

❶ ソーダ以外の材料をミキシンググラスに入れ、軽く混ぜてクエン酸を溶かす。

❷ 氷を1個加えて、ステアする。

❸ ワイングラスに注いで氷を浮かべ、ソーダを加えて軽く混ぜる。

❹ グラスの縁にグレープフルーツ ピールを飾る。

※1 [レモンマートル蒸留水]
材料：乾燥レモンマートル 15g ／水 400ml
① 乾燥レモンマートルと水を蒸留器で蒸留する。

註：蒸留が難しい場合、濃厚に煮出したレモンマートルティーでも可。または、下記ミントシロップに乾燥レモンマートルを加えても良い。

※2 [ミントシロップ]
材料：無農薬イエルバブエナ（入手しやすいミントで可）30g ／シンプルシロップ 700ml
① イエルバブエナを食品乾燥機で乾燥させる（40℃・12時間）。
② 鍋に①とシンプルシロップを入れて、沸騰する直前まで温める。
③ 火を止めて一晩置いたら、濾す。

バーテンダー談 どんなカクテル？

柑橘系の芳香成分「シトラール」がレモンやレモングラスよりも多いレモンマートルを使って、日本酒ベースのレモンサワーを作りました。シンプルシロップを入れるとシトラスフレーバーのみでまとまってしまい、奥行きが感じられないため、ミントシロップを加えて複雑さを出しています。普段、居酒屋でレモンサワーを飲んでいる人にも試して頂きたい一杯。日本酒は「仙禽ナチュール」もお勧めです。

ハスカップとパイン、紅茶のカクテル

Haskap, Pineapple & Darjeeling Cocktail

ABV 2.1%

★ ★ ☆

北海道特産果実のローアルコールカクテル

COCKTAIL RECIPE

材 料

ハスカップ（冷凍）	20g
パイナップル（粗みじん切りを冷凍したもの）	50g
紅茶シロップ※	20ml
ラム（パンペロ アニバサリオ）	10ml
クランベリージュース	90ml

作り方

❶ 材料をブレンダーで撹拌する。
❷ バーズネストで濾しながら、ロックグラスに注ぐ。

※［紅茶シロップ］
材料：ダージリン茶葉 20g（ティーバッグ 2個分ほど）／シンプルシロップ 700ml
① 鍋に材料を入れて、沸騰する直前まで温める。
② 火を止めて一晩置いたら、濾す。

註：②で浸ける時間が長いほど味が濃く、渋くなるので調整を。出来上がりで美味しいものよりは、少し濃いくらいが仕上がりの味がはっきりする。

バーテンダー談 どんなカクテル？

当店で年間を通してよくご注文頂く、ハスカップとパインのカクテルをローアルコールにしました。苦味やえぐ味があり、酸味の際立つハスカップにパイナップルを加えることでバランスが取れ、甘味の余韻が膨らみます。足が早いパイナップルは、粗みじん切りにして冷凍しておくと良いでしょう。紅茶シロップの茶葉はローズヒップも合いますし、ラムの代わりにブレンデッドウイスキーやジンを使っても美味しいです。

シトラスノー
Citrusnow

ABV 4.6%

★ ★ ★

まるでレモンチーズケーキのような風味

COCTAIL RECIPE

材料

クレマン クレオール・シュラブ リキュール・ドランジュ	15ml
レモンマートル シロップ※	15ml
オレンジジュース	20ml
レモンジュース	10ml
生クリーム	25ml
豆乳クリームホイップ(こくりーむ ほいっぷくれーる)	25ml
マスカルポーネチーズ	20g
クエン酸	極少量

※[レモンマートルシロップ]
材料:レモンマートル 10g／シンプルシロップ 700ml
① 鍋に材料を入れて、沸騰する直前まで温める。
② 火を止めて一晩置いたら、濾す。

註:クレマンのリキュールがない場合、グランマルニエ 1本とオレンジ 1個(皮付きのまま乱切りしたもの)を小鍋に入れて、液体が半量くらいになるまで弱火で煮詰め、濾したもので代用する。豆乳クリームホイップは、豆乳でも可。

ガーニッシュ

乾燥オレンジスライス	1/2枚
乾燥オレンジ粉末	小さじ1強
珈琲(粉末)	極少量
かりん糖(粉末)	極少量

作り方

❶ 材料と、少量のクラッシュドアイスをブレンダーで撹拌する。
❷ 大型のカクテルグラスに注いで、ガーニッシュを飾る。

バーテンダー談 どんなカクテル?

以前、フレンチレストランとペアリングのイベントを行った際にラム肉の料理に合わせて創作した、ラムベースのカクテルをローアルコールにアレンジしました。生クリームとマスカルポーネに柑橘の果汁を多く加えると、分離してあまり綺麗な仕上がりにならないためクエン酸で酸味を補っています。「シトラスノー」は、シトラスとスノーを合わせた造語。雪のように白い色とクリーミーな味わいに酸味が隠れた、レモンチーズケーキを思わせる一杯です。

the bar nano. gould.
Bartender
富田健一

調理師学校を卒業後、札幌の老舗バーで10年
ほど研鑽を積む。2007年に独立して「the bar
nano.」を、2013年には2号店の「the bar nano.
gould.」をオープン。オーナーバーテンダーとしてカ
ウンターに立つほか、調理師専門学校の講師やド
リンクメニュー開発、近隣のレストランとのペアリン
グイベントなど幅広く活動している。スタンダードカ
クテルのツイストや、デザートカクテルが得意。

Bar info

the bar nano. gould. 北海道札幌市中央区南3条西4丁目 J-BOXビル4F　TEL：011-252-7556

Mocktail
&
Low-ABV Cocktail
Recipes

LAMP BAR
Michito Kaneko

クリアコーラ

Clear Cola

ABV 0%

★ ☆ ☆

無添加の透明な自家製コーラ

MOCKTAIL RECIPE

材 料

コーラシロップ※	30ml
ライムジュース	5ml
ソーダ	90ml

ガーニッシュ

ライムスライス	1枚

作り方

❶ ソーダ以外の材料と氷をタンブラーに入れて、ステアする。

❷ ソーダを注いで、軽く混ぜる。

❸ ライムスライスを飾る。

※[コーラシロップ]

材料：水 200ml ／ライムスライス 1個分／レモンスライス 1個分／オレンジスライス 1/2個分／カルダモン、クローブ、ナツメグ、コリアンダー、コーラナッツ 各2.5g ／シナモン 1.5g ／グラニュー糖適量／バニラエッセンス 3滴

① グラニュー糖とバニラエッセンス以外の材料を鍋に入れて沸騰させ、火を止めて一晩置く。

② 濾して、液体と同じ量のグラニュー糖を加え、湯煎する。

③ バニラエッセンスを垂らし、混ぜる。

バーテンダー談 どんな モクテル？

フレッシュフルーツやスパイスを組み合わせたシロップをベースに、添加物不使用の透明なコーラを作りました。このコーラシロップは糖度50％くらいで、ラムコークやジンコークにも応用できます。コーラフレーバーのダイキリなど、ショートカクテルに使うなら糖度を65％くらいに。柑橘の種にペクチンが含まれているため、とろみが出ないよう種を取り除いて作ってください。バニラエッセンスは香りが飛びやすいので、最後に加えています。

スパイス ジンジャーエール

Spice Ginger Ale

ABV 0%

★ ★ ☆

多彩な香りが特長のモスコーミュール

材 料

スパイスハニー※	30ml
ライム	15ml
ジンジャーエール（ウィルキンソン甘口）	60ml
ソーダ	60ml

ガーニッシュ

ライムスライス	1枚
ミックス スパイス パウダー（スパイスハニーに使うスパイスをパウダーにしたもの）	適量

註：ミックス スパイス パウダーはあくまで香り付けなので、シナモンやカルダモンなど香り豊かなものだけで良い。

作り方

❶ スパイスハニーとライムを銅製マグに入れて、ホイッパーなどで撹拌する。

❷ 氷を加え、ジンジャーエールとソーダを注いで混ぜる。

❸ ライムスライスを飾り、ミックス スパイス パウダーをかける。

※［スパイスハニー］
材料：蜂蜜 700ml ／水 330ml ／カルダモン 5個／シナモン（小さめのシナモンクラック）3個／スターアニス 1個／ジンジャーパウダー 2tbsp ／ブラックペッパー 5振り（ペッパーミルで5回転程度の量）／ナツメグ 1tsp ／レッドチリ少々
① 材料を鍋に入れて、とろ火で3時間ほど煮出す。
② 濾して、冷蔵庫に入れる。

［モスコーミュールのスタンダードレシピ］
材料：ウォッカ 45ml ／ライムジュース 15ml ／ジンジャービア 適量
① 氷を入れたマグ（またはタンブラー）に、ウォッカとライムジュースを注ぐ。
② ジンジャービアで満たして、軽くステアする。

バーテンダー談 どんな モクテル？

レモンマートルを浸けたウォッカと、自家製スパイスハニーをミックスした当店のモスコーミュールをモクテルにツイストしました。スパイスによって舌に刺激を直接与えるものや辛味の余韻を感じさせるものがあり、多彩な風味が特長です。スパイスハニーはブレンダーなどでスパイスを砕いてから鍋に入れて煮出すと抽出しやすく、よりスパイシーに。ジンバックやペニシリンにも、スパイスハニーを使用しています。カクテルの仕上げにアンゴスチュラ ビターズをかければ、ローアルコールカクテルとしても楽しめます。

ショコラショー
Chocolat Chaud

ABV 4.5%

★ ☆ ☆

甘くスパイシーな香りが漂うホットチョコレート

COCKTAIL RECIPE

材　料

ラム（ゴスリング ブラックシール）	15ml
牛乳	100ml
生クリーム（植物性）	20ml
チョコレート（ヴァローナ カラク）	8粒

ガーニッシュ

ブラックペッパー	適量

作り方

1. 耐熱容器に牛乳、生クリーム、チョコレートを入れて、電子レンジでしっかり温める。
2. ①をバーミックスで撹拌する。
3. 耐熱グラスにラムを入れて火をつけ、ティーカップに注ぎ、再び耐熱グラスに戻す。
4. ③を②に加えて、ティーカップに注ぐ。
5. ブラックペッパーをかける。

バーテンダー談 どんなカクテル？

寒い日に身体を温めてくれる、甘く濃厚なホットチョコレート「ショコラショー」。スパイシーで香ばしいラムをベースに、ナッツのような香りを持つバランスの良いタイプのチョコレートを合わせました。ラムに火をつけるのはティーカップを温めつつ香りを立たせるのと、カウンターでのエンターテインメントとしての演出のため。火を扱うので、充分に注意してください。ご自宅で作るなら、①の工程でラムも加えて温めればOKです。

ノルマンディ スプリッツァー

Normandy Spritzer

ABV 0%

★ ★ ☆

りんごと紅茶のフレーバーで爽やかに

材　料

Ⓐティーシロップ※	20ml
Ⓐライムジュース	15ml
Ⓐりんごスライス	5枚
Ⓐミント	2〜3茎
アップルタイザー	45ml
ソーダ	50ml
ローズウォーター	3プッシュ

※［ティーシロップ］

材料：お好みの紅茶 2.5g ／水 200g ／グラニュー糖 適量

① 容器に紅茶と水を入れて一晩置き、濾す。

② ①と同量のグラニュー糖を加えて湯煎し、溶かす。

作り方

❶ Ⓐと氷をワイングラスに入れて、ステアする。

❷ アップルタイザーとソーダを加えて、軽く混ぜる。

❸ ローズウォーターをスプレーする。

バーテンダー談　どんな モクテル？

ディアジオ社主催の「ワールドクラス2015」世界大会において創作した同名のカクテルをモクテルにアレンジしました。もとのレシピはカルバドスがベースでほとんど同じ構成ですが、ティーシロップやアップルタイザーの分量を調整しています。このティーシロップの紅茶は、マリアージュフレールの「フリュイルージュ（赤い実）」。ほかにアールグレイ、ラプサンスーチョンでもティーシロップを作っていて、計3種をカクテルによって使い分けています。

アブサン
メロン クリームソーダ

Absinthe Melon Cream Soda

ABV 0%

★ ★ ☆

懐かしの喫茶店メニューをモクテルに

MOCKTAIL RECIPE

材 料

アブサン メロン シロップ※	20ml
ソーダ	120ml

ガーニッシュ

バニラアイスクリーム	1個
黒塩	適量
枝付きさくらんぼシロップ漬け	1個

※［アブサン メロン シロップ］
材料:メロンシロップ(キャプテン) 400ml／スターアニス 1個／ワームウッド 0.5g／アニス 0.5g／フェンネル 0.4g／レモンバーム 0.3g／ヒソップ 0.2g／ヨモギ 0.2g
① 材料をティンに入れて、ラップをする。
② 沸騰したお湯で10分ほど湯煎し、そのまま放置して冷ます。

作り方

❶ アブサン メロン シロップと氷をグラスに入れて、ステアする。
❷ ソーダを加えて、軽く混ぜる。
❸ ガーニッシュを飾る。

バーテンダー談 どんな モクテル?

後出の「レスカ」同様、「喫茶52」向けに考案したモクテルです。喫茶店の定番メニューとして長年愛されているメロンのクリームソーダを再構築しました。色も味わいも相性の良いアブサンに含まれるハーブやスパイスで、主軸となるシロップを作っています。ビジュアル面から味のアクセントとなる塩に黒塩を使い、メロンシロップを沈めて2層に。喫茶店でのオペレーションと再現性も重視しました。(レシピ作成:安中さん)

レスカ
Lesqua

ABV 0%

★ ★ ★

喫茶店で大人のレモンスカッシュを

MOCKTAIL RECIPE

材料

レモンシロップ※1	15ml
ジン フレーバー ソーダ※2	120ml

ガーニッシュ

マラスキーノ チェリー	1個
レモンスライス	3枚

作り方

❶ レモンシロップと氷をグラスに入れて、ステアする。
❷ ジン フレーバー ソーダを加えて、軽く混ぜる。
❸ ガーニッシュを飾る。

※1 [レモンシロップ]
材料:レモン、グラニュー糖、水 各適量
① レモンの皮と実をカットする。
② 皮と実の総量を量り、1.1倍量のグラ
　ニュー糖を加える。
③ 湯煎して、溶かす。

※2 [ジン フレーバー ソーダ]
材料:水 800ml ／コリアンダー 48g ／
カルダモン 38g ／シナモン 18g ／ジュ
ニパーベリー 8g ／レモン 1個／大和
当帰 1枚
① 材料を鍋に入れて火にかけ、沸騰した
　ら中火で10分煮る。
② 蓋をして粗熱を取り、カーボネイト（炭
　酸ガスを注入）する。

註:②は、炭酸ガス注入セットによるもの。
　炭酸ガスボンベと、逆止弁付き炭酸
　注入キャップをセットしたペットボトルを
　チューブで繋いで、炭酸ガスを注入する。

バーテンダー談 どんな モクテル？

喫茶店で飲む"大人のレモンスカッシュ"をテーマに創作した一杯です。ノンアルコール
のジンフィズをイメージして「ジン フレーバー ソーダ」の材料を選び、レモンシロップと合
わせました。ジンの主なボタニカルであるジュニパーベリー、柑橘系の香りを持つコリア
ンダーとシナモン、爽快感のあるカルダモン、セロリのような香りのする奈良の生薬"大
和当帰"が入っています。興福寺の南側にある、ネオクラシックをコンセプトにした「喫
茶52」に提供しているレシピです。（レシピ作成：安中さん）

ティラミスのような
ビスキュイカクテル
Tiramisu-like Biscuit Cocktail

ABV 0%

★ ☆ ☆

クッキーを用いたセミフローズンスタイル

MOCKTAIL RECIPE

材 料

エスプレッソ シロップ※	30ml
アマレット シロップ（モナン）	5ml
牛乳	30ml
クッキー（ウォーカー ショートブレッドフィンガー）	1/2本（約12g）

※［エスプレッソシロップ］
材料：エスプレッソ 100ml ／グラニュー糖 20g
① エスプレッソとグラニュー糖を混ぜる。

ガーニッシュ

ココアパウダー、カカオニブ	各適量

作り方

❶ 材料とクラッシュドアイスをバーミックスで攪拌して、クープグラスに注ぐ。
❷ ココアパウダーとカカオニブを振りかける。

バーテンダー談 どんな モクテル？

ベイリーズ、アマレット、自家製コーヒーウォッカ、エスプレッソ、牛乳、クッキーで作る当店のオリジナルカクテルをノンアルコールで作りました。再現性を考慮して、最小限の材料で組み立てています。カクテルに旨味とボリューム、食感を与えるクッキーがポイントで、視覚的にもティラミスに見えるように仕上げています。クラッシュドアイスの量を調整しながら攪拌して、程よい口当たりのセミフローズンにしてください。

アップル ハイボール

Apple Highball

ABV 4.2%

★ ★ ☆

自家製アップルソーダのハイボール

COCKTAIL RECIPE

材　料

ウイスキー（クライヌリッシュ14年）	10ml
アップルソーダ※	100ml

ガーニッシュ

ドライアップル
（アップルソーダに浸けたりんごスライスをディハイドレーターで
　乾燥させたもの） …… 1枚

作り方

❶ 氷を入れたタンブラーにウイスキーを注いで、ステアする。

❷ アップルソーダを加えて、軽く混ぜる。

❸ ドライアップルを飾る。

※［アップルソーダ］
材料：りんごスライス 40g／水 100ml
① りんごスライスを水に浸し、冷蔵庫に
　1日入れる。
② 濾して、カーボネイト（炭酸ガスを注入）
　する。

註：②は、炭酸ガス注入セットによるもの。
　　炭酸ガスボンベと、逆止弁付き炭酸
　　注入キャップをセットしたペットボトルを
　　チューブで繋いで、炭酸ガスを注入する。

バーテンダー談 どんな カクテル？

フローラルで甘く、りんごの香りも感じる「クライヌリッシュ14年」を自家製のアップルソー
ダで割ったハイボール。アップルソーダにも旨味があるため、味わいに厚みが出てふくよ
かになります。オレンジなどほかのフルーツでも応用できますし、簡単に作れて、浸けた後
もガーニッシュに使えるので無駄がありません。クライヌリッシュ以外でも、グレンフィディッ
クのようにフルーティなウイスキーならベースにお勧めです。

LAMP BAR

セイボリーズ
Savories

ABV 5%
★ ★ ☆

みずみずしい大和茶の風味が楽しめる

COCKTAIL RECIPE

材料

ウォッカ（ケテルワン）	15ml
トマトウォーター※	30ml
シンプルシロップ	5ml
大和茶	2g
お湯	10ml
ソーダ	60ml

※[トマトウォーター]
材料：ミディトマト スライス 2個／水 300ml
① 容器に材料を入れて、1日漬け込む。
② 濾して、冷凍庫で保存する。

ガーニッシュ

大和茶	適量

作り方

❶ シェーカーに大和茶とお湯を入れて、30秒〜1分ほど置く。
❷ ソーダ以外の材料を加えてシェイクし、氷を入れたワイングラスにダブルストレイン。
❸ ソーダを加えて、軽く混ぜる。
❹ 大和茶を飾る。

バーテンダー談 どんなカクテル？

2019年、ディアジオ社主催「ワールドクラス」日本大会でウォッカの"ケテルワン"をテーマに創作したレシピの分量を調整して、ローアルコールにしました。ウォッカベースで人気のカクテルといえば、エスプレッソマティーニやブラッディメアリー。そこで奈良の素材である大和茶をメインに、その繊細でクリアな味わいが活きるよう、旨味を抽出したトマトウォーターを作りました。みずみずしいお茶の風味と、エスプレッソマティーニのような柔らかい口当たりをお楽しみください。（レシピ作成：安中さん）

レイジーヌーン

Lazy Noon

ABV 4%

★ ★ ★

働き詰めで頑張っている人たちに

COCTAIL RECIPE

材　料

ウイスキー（ジョニーウォーカー ブラックラベル 12年）	10ml
乳酸発酵グアバソーダ※1	90ml
ピンクペッパー フォーム※2	適量

ガーニッシュ

メレンゲクッキー	1個
ピンクペッパー	3粒

作り方

❶ 氷を入れたタンブラーにウイスキーを注いで、ステアする。

❷ グアバソーダを静かに注いで、軽く混ぜる。

❸ ピンクペッパーフォームをのせる。

❹ ガーニッシュを飾る。

バーテンダー談 どんなカクテル？

2021年に開催されたディアジオ社主催「ワールドクラス」日本大会の"ジョニーウォーカー チャレンジ"で創作したカクテルです。発酵系ドリンクが流行っていた背景から、グアバジュースを発酵させてシャンパンのような泡の細かいソーダを作り、相性の良いピンクペッパーをフォームとガーニッシュに使いました。昼間、働き詰めで頑張っている人たちに少しでもリラックスして頂きたいという思いを込めた一杯です。（レシピ作成：高橋さん）

※1［乳酸発酵グアバソーダ］

材料：グリーン グアバジュース 1000ml ／ヨーグルト 2tbsp ／クエン酸 0.5g

① グリーン グアバジュースにヨーグルトとクエン酸を加えて、常温で一晩以上置く。

② 分離したら、攪拌して1 〜 2時間ほど冷蔵庫に入れる。

③ コーヒーフィルターで濾して、カーボネイト（炭酸ガスを注入）する。

註：③は、炭酸ガス注入セットによるもの。炭酸ガスボンベと、逆止弁付き炭酸注入キャップをセットしたペットボトルをチューブで繋いで、炭酸ガスを注入する。

※2［ピンクペッパー フォーム］

材料：ピンク グアバ シロップ（キャプテン）100ml ／水 200ml ／ピンクペッパー 4g ／プロエスプーマ（ソーサ プロエスプーマ COLD）5g

① プロエスプーマ以外の材料をバーミックスで攪拌して、メッシュストレーナーで濾す。

② ①とプロエスプーマをエスプーマに入れて、カーボネイト（炭酸ガスを注入）する。

LAMP BAR
Bartender
金子道人

20歳の時、和歌山「BAR TENDER」で飲んだモスコーミュールに衝撃を受けてバーテンダーになることを決意し入店。その後、奈良「Bar OLD TIME」とあわせて10年ほど研鑽を積む。2011年に独立して近鉄奈良駅前に「LAMP BAR」をオープン、2015年に現在の場所に移転。同年、ディアジオ社が主催する「ワールドクラス 2015」で世界一に輝く。バービジネスの可能性を模索しながら、企業やバーでのセミナー講師、大会の審査員、コンサルティング、ECサイト、ボトルドカクテルの開発など多岐にわたり活動している。

Special thanks：安中 良史／高橋 慶

Bar info

LAMP BAR 奈良県奈良市角振町26 いせやビル1F　TEL：0742-24-2200

Mocktail
&
Low-ABV Cocktail
Recipes

memento mori
Yukino Sato

memento mori

ラプサンスーチョン
ティーテイル

Lapsang souchong Tea-tail

ABV 0%

★ ★ ☆

ノンアルコールの赤ワインを再現

材料

ラプサンスーチョン※1	40ml
メルロージュース（アランミリア）	20ml
ポルチーニ液※2	20ml
アガベネクター	6drops
アンゴスチュラ ビターズ	2dashes

作り方

❶ 材料をステアして、ワイングラスに注ぐ。

※1[ラプサンスーチョン]
材料：ラプサンスーチョン 3g ／お湯
（100℃）300ml
① 材料をティーポットに入れて、抽出する。

※2[ポルチーニ液]
材料：ポルチーニ 5g ／お湯（100℃）
100ml
① 材料をティーポットに入れて、抽出する。

バーテンダー談 どんな モクテル？

お肉と相性の良い赤ワイン（カベルネ・ソーヴィニヨン）をノンアルコールで表現した
一杯です。松の葉で燻したスモーキーな中国茶「ラプサンスーチョン」と、アーシーな
フレーバーのポルチーニ、甘酸味のバランスが良いメルロージュースだけでも複層的
な旨味を感じられますが、舌がややざらつくようなテクスチャーがあったためアガベネク
ターの甘味でマスキングしました。後を引かないドライな余韻で、最後まで心地よく召し
上がって頂けます。

memento mori

フィリピーノ レモンサワー
Filipino Lemon Sour

ABV 0%

★ ☆ ☆

レモンを使わないレモンサワー

MOCKTAIL RECIPE

材料

酢（美酢 カラマンシー）	20ml
ジャスミン茶	60ml
タバスコ	少々
ソーダ	適量

ガーニッシュ

糸唐辛子、エディブルフラワー	各適量

作り方

❶ 氷を入れたタンブラーにソーダ以外の材料を注いで、ステアする。
❷ ソーダを加えて、軽く混ぜる。
❸ ガーニッシュを飾る。

バーテンダー談 どんな モクテル？

フィリピンレモンとも呼ばれ、その栄養価の高さから"奇跡の果物"といわれるカラマンシー。フィリピンで人気のフルーツを発酵させたお酢と国花のジャスミンを使って、同じく日本で人気のあるレモンサワーを作りました。カラマンシーとは異なるタイプの酸味とスパイシーさのあるタバスコや糸唐辛子が、香りのアクセントと複雑な風味をもたらしています。

memento mori

マロン ショコラショー
Marron Chocolat Chaud

ABV 3.1%

★ ☆ ☆

ポリフェノールたっぷりのホットチョコレート

COCKTAIL RECIPE

材料

芋焼酎 (プルーン浸け込み赤霧島) ※	15ml
栗はちみつ (ラベイユ)	10ml
お湯	80ml
ホットチョコレート ミックス	3tsp

※[芋焼酎 (プルーン浸け込み赤霧島)]
材料:芋焼酎 (赤霧島) 150ml ／ドライ
プルーン 3粒
① 材料を容器に入れて3日間浸け込み、
濾す。

作り方

❶ お湯とホットチョコレート ミックスを鍋に入れて火にかけ、
沸騰したら火を止める。

❷ ❶に栗はちみつを加えてよく混ぜ、ティーカップに注ぐ。

❸ 焼酎を上から静かに注いで、そっと混ぜる。

バーテンダー談 どんなカクテル?

芋焼酎と栗はちみつを使って、飲むホットチョコレート「ショコラショー」を作りました。プ
ルーン、栗、チョコレートと、いずれも美容と健康に効果があるポリフェノールを含んだ材
料で構成しています。それらの甘味・苦味・コクと、紫芋「紫優(むらさきまさり)」を原料にし
た赤霧島の澄んだ甘味が絶妙にマッチ。お湯割りを作るときのように焼酎を最後に注い
でアルコール感を和らげ、香りを立たせています。

memento mori

碾茶 オリーブ ハイボール
Tencha Olive Highball

ABV 0%

★ ★ ☆

シュラブを効かせて爽やかに

材 料

オリーブシュラブ※1	15ml
水出し碾茶※2	45ml
トニックウォーター（フィーバーツリー メディタレーニアン）	50ml
ソーダ	20ml

ガーニッシュ

オリーブ	2個
ミント	1茎

作り方

❶ シュラブと碾茶をスニフターグラスに入れて、スワリングする。

❷ 氷を入れたタンブラーに❶を注ぎ、トニックウォーターとソーダを加えて軽く混ぜる。

❸ ガーニッシュを飾る。

註：タンブラーにシュラブと碾茶を直接入れて、混ぜておいても良い。

※1［オリーブシュラブ］
材料：グリーンオリーブ（ラ・ロッカ）10個／グラニュー糖 50g／リンゴ酢 37.5ml／水 15ml
① オリーブとグラニュー糖を真空パックに入れて、常温で72時間置いておく。
② グラニュー糖が溶けたら、リンゴ酢と水を加えて混ぜる。

※2［水出し碾茶］
材料：水 500ml／碾茶 15g
① 材料を容器に入れて冷蔵庫で2日間抽出し、濾す。

バーテンダー談 どんな モクテル？

油分があるオリーブと酸味の強いお酢を混ぜて、味わいに厚みを出したオリーブシュラブにいろいろなお茶を組み合わせていったところ、苦味がなく綺麗な甘味のみ抽出できる碾茶に辿り着きました。それらにオリーブの産地・地中海地方のシトラスとハーブを使った、フローラルなトニックウォーターを加えています。シュラブは、冷蔵庫で1カ月ほど保存可能。ソーヴィニヨンブラン ジュースで割ったり、キウイやグレープフルーツ、トマトなどと合わせて楽しんでみてください。

memento mori

スパイスツリー

Spice Tree

ABV 2.4%

★ ★ ★

同系色の異なる素材で複層的なカクテルに

COCKTAIL RECIPE

材　料

カカオハスクティー（ハワイアン・ココ）	50ml
アプリコットミード（メラミード）	10ml
スパイスカカオ シロップ（トモエサヴール）	5ml
パッションフルーツ ピューレ（ボワロン）	5ml
みかん	1/2個
クミン ティンクチャー※	5drops

※［クミン ティンクチャー］
材料：ウォッカ（グレイグース）100ml ／ クミン 10g
① 材料を容器に入れて1週間以上浸け込み、濾す。

作り方

❶ 材料をボストンシェイカーに入れて、ハンドブレンダーで撹拌する。

❷ ❶を充分にシェイクして、カクテルグラスにダブルストレイン。

バーテンダー談 どんな カクテル？

カクテルを考案する際に同じ色の素材を合わせることが多いのですが、このレシピも黄色やオレンジといった色から思い浮かぶものを集めて構成しました。ウッディで発酵感のあるカカオニブの外皮「カカオハスク」を軸に、まるで1本の樹木から様々な果実が自由に実る光景をイメージしています。クミン ティンクチャーを加えることで、液体の温度が上がってきたときの余韻が複雑に。スパイシーでフルーティ、かつ発酵感のあるローアルコールカクテルです。

麹ラテ

Koji Flower Latte

ABV 0%

★ ★ ☆

甘酒と抹茶がやさしく香る

MOCKTAIL RECIPE

材　料

甘酒（田酒 あまさけ）	40ml
玉露シロップ※	10ml
トニックウォーター（フィーバーツリー エルダーフラワー）	50ml
水	45ml
抹茶	1.5g

※［玉露シロップ］
材料：玉露 10g ／シンプルシロップ 100ml
① 材料を容器に入れて約1週間浸け込み、濾す。

作り方

❶ 氷を入れたタンブラーに甘酒とシロップを注いで、ステアする。
❷ トニックウォーターを加えて、再度よく混ぜる。
❸ 水で抹茶を点て、静かに注ぐ。

バーテンダー談 どんな モクテル？

疲労回復や美容、整腸作用などの効果がある"飲む点滴"、甘酒をベースにしたヘルシーなモクテルです。飲料業界でいま話題の抹茶ラテから着想しました。冷抹茶で甘味や旨味を引き立て、エルダーフラワーのトニックウォーターで爽やかな口当たりに仕上げています。旨味を与えてくれる玉露シロップはウォッカソーダに加えたり、桃や梨、リンゴといったやさしい味わいの果物と合わせたりしても美味しいです。

memento mori

ギミックワイン

Gimmic Wine

ABV 0%

★ ★ ★

オールドボトルのランシオ香を体感できる

MOCKTAIL RECIPE

材 料

鳳慶古樹紅茶※1	70ml
ソーヴィニヨンブラン ジュース(アランミリア)	15ml
ランシオ コーディアル※2	7ml
クエン酸ソリューション※3	3ml

作り方

❶ 材料をステアして、大型シャンパングラスに注ぐ。

バーテンダー談 どんな モクテル？

長期熟成されたコニャックやウイスキーに現れる、独特な香りと余韻を残すランシオ香。トロピカルフレーバーといわれるこの香りをお酒が飲めない方にも体感して頂きたくて、様々な果実や長期熟成の酒でランシオ香を再現したランシオコーディアルを主役に組み立てました。さらに中国の古樹の葉から作られた紅茶の樽香やタンニン、マンゴーのようなフレーバーがオールドボトルを連想させます。クエン酸ソリューションは、液体を濁らせずに酸度を調整できる便利なアイテムです。

※1[鳳慶古樹紅茶]
材料：鳳慶古樹紅茶 5g ／お湯(100℃) 200ml
① 材料をティーポットに入れて、抽出する。
② 4煎目まで淹れて、1煎目から4煎目までで混ぜる。

※2[ランシオ コーディアル]
材料：シンプルシロップ 200ml ／ドライマンゴー 50g ／ドライアップル 30g ／ドライ ランブータン 10g ／オレンジハチミツ 30g ／パッションフルーツ 1/2個(ピューレでも可) ／ソーテルヌ(ドゥルト) 30ml ／コニャック(ラニョーサボラン35年) 10ml ／スコッチウイスキー(クイーンエリザベス2世) 5ml
① 材料を容器に入れて4日間漬け込み、濾す。

註：ソーテルヌ、コニャック、スコッチウイスキーは、沸騰させてアルコールを飛ばした後の量。

※3[クエン酸ソリューション]
材料：クエン酸 4.2g ／水 210ml
① クエン酸と水をよく混ぜ、クエン酸を完全に溶かす。

玉露 & カカオパルプ
マティーニ

Gyokuro & Cacao Pulp Martini

ABV 0%

★ ★ ☆

柔らかい旨味と甘味が漂う

MOCKTAIL RECIPE

材　料

玉露※1	50ml
カカオパルプ ピューレ（バロサント）	10ml
玉露シロップ※2	5ml
桜の塩漬け	1個

ガーニッシュ

抹茶パウダー	適量

作り方

❶ 抹茶パウダーでカクテルグラスをハーフリムする。
❷ 材料をステアして、❶にダブルストレイン。

※1[玉露]
材料：玉露 10g ／お湯（50℃強）70ml
① 材料を急須に入れて、抽出する。
② 3煎目まで淹れて、1煎目から3煎目までを混ぜる。

※2[玉露シロップ]
材料：玉露 10g ／シンプルシロップ100ml
① 材料を容器に入れて約1週間浸け込み、濾す。

バーテンダー談 どんな モクテル？

玉露や煎茶、碾茶は酸味が柔らかくフルーティな素材と相性が良いです。そこで、ライチやマンゴスチンのような甘酸味のあるカカオパルプを合わせて相乗効果を狙いました。玉露シロップと、桜の塩漬けが玉露の旨味とカカオパルプの甘味を引き出してくれます。お茶は2煎目、3煎目と味わいが変化し、さまざまなフレーバーが浸出するので1煎目から3煎目までを混ぜて使っています。

memento mori

トリプル ブラック ベルベット

Triple Black Vervet

ABV 2%

★ ★ ★

ブラック ベルベットを3つの黒い材料で

COCKTAIL RECIPE

材 料

ブレンドティー※1	30ml
チョコレートモルト コーディアル※2	30ml
酒石酸溶液※3	5ml
ソーヴィニヨンブラン ジュース(アランミリア)	5ml
栗リキュール(マリエンホーフ カスターニエン リケール)	2ml
ソーダ	適量

作り方

❶ ソーダ以外の材料をグラスに入れて、スワリングする。

❷ ❶とソーダを両手に持ち、シャンパングラスへ同時に注ぐ。

バーテンダー談 どんなカクテル？

スタンダードカクテル「ブラック ベルベット」のローアルコール版です。例えばスタウトビールのアルコールを飛ばしたり、ノンアルコールのシャンパンで割る方法もありますが、飲みごたえを感じて頂けるように鉄観音茶、チョコレートモルト、ギネスと3つの黒くて厚みのある材料を選びました。酒石酸溶液はクエン酸よりも酸度が低く、穏やかな酸味を加えて味わいの輪郭を出したいときに使っています。

※1[ブレンドティー]

材料:鉄観音茶 6g ／コーヒー豆 4粒／ブラックペッパー 少々／お湯(100℃) 100ml

① 材料をティーポットに入れて、抽出する。

② 3煎目まで淹れて、1煎目から3煎目までを混ぜる。

※2[チョコレートモルト コーディアル]

材料:チョコレートモルト 75g ／グラニュー糖 250g ／水 100ml ／ギネスビール 350ml ／ブラックペッパー 少々

① 材料を鍋に入れて中火で沸騰させ、その後弱火で5分ほど煮詰める。

② 粗熱を取って、冷蔵庫に入れる。

註:保存可能期間は、2週間程度。

※3[酒石酸溶液]

材料:酒石酸 4.2g ／水 210ml

① 酒石酸と水をよく混ぜ、酒石酸を完全に溶かす。

[ブラックベルベットのスタンダードレシピ]

材料:スタウトビール 1/2 ／シャンパン 1/2

① ビールとシャンパンを両手に持ち、タンブラーまたはピルスナーグラスへ同時に注ぐ。

ダイヤメ ソルクバーノ

Daiyame Sol-Cubano

ABV 4.2%

★ ★ ☆

金木犀を浸け込んだ芋焼酎を使って

COCKTAIL RECIPE

材　料

Ⓐ芋焼酎(金木犀だいやめ)※	10ml
Ⓐ芋焼酎(だいやめ)	5ml
Ⓐグレープフルーツ ジュース	50ml
トニックウォーター(フィーバーツリー)	50ml
芋焼酎(だいやめ)	2スプレー

ガーニッシュ

金木犀	適量

作り方

❶ Ⓐをステアして、氷を入れた大型ワイングラスへ静かに注ぐ。

❷ トニックウォーターを加えて、そっと混ぜる。

❸ 芋焼酎をスプレーする。

❹ ガーニッシュを飾る。

※[金木犀だいやめ]
材料:芋焼酎(だいやめ) 100ml ／ドライ金木犀 2g
① 材料を容器に入れて常温で一晩浸け込み、濾す。

[ソルクバーノのスタンダードレシピ]
材料:ホワイトラム 45〜60ml ／グレープフルーツ ジュース 60ml ／トニックウォーター 適量
ガーニッシュ:グレープフルーツ スライス 1枚／ミント 1茎
① 氷を入れた大型タンブラーに材料を注いで、軽くステアする。
② グレープフルーツ スライスでグラスに蓋をしてストローを挿し、ミントを飾る。

バーテンダー談 どんなカクテル?

神戸のバー「サヴォイ北野坂」の木村義久さんが創作されたカクテル「ソルクバーノ」をローアルコールにアレンジしました。少量でもインパクトがあり、アルコール度数が低い焼酎はベースに最適。中でも香気成分・モノテルペンアルコールが豊富で華やかな香りが特長の「だいやめ」を選び、金木犀を浸け込んでブーケのようなフレーバーを出しました。金木犀だいやめはリナロールを含むマスカットやイチゴ、金柑などとも合います。

memento mori
Bartender
佐藤　由紀乃

東京駅に隣接した「シャングリ・ラ ホテル 東京」でバーテンダーの職に就き、2011年に「code name MIXOLOGY akasaka」開業メンバーとしてSPIRITS&SHARING inc.に入社する。以来、カクテル開発に大きく貢献し、全店舗でシニアバーテンダーとして活躍。カクテルコンペティションにも積極的に参加しており、「BOLS AROUND THE WORLD」などでジャパンファイナリストに。2016年には、モスクワのフォーシーズンズホテルからゲストバーテンダーとして招聘されている。

Bar info

memento mori　東京都港区虎ノ門1-17-1 虎ノ門ヒルズ ビジネスタワー 3F　TEL：03-6206-6625

Mocktail
&
Low-ABV Cocktail
Recipes

CASE.12

Park Hotel Tokyo The Society
Koji Nammoku

The Society

花見酒
Hanamizake

ABV 4.7%

★ ★ ☆

274

平安時代の飲み物「醍醐」から発想

COCKTAIL RECIPE

材 料

貴醸酒（八海山）	20ml
桜リキュール（ジャパニーズクラフトリキュール 奏）	10ml
甘酒	45ml
牛乳	30ml
クラリファイド パイナップルジュース※	20ml
ジャパニーズビターズ 桜	1dash

※[クラリファイド パイナップルジュース]
材料：パイナップルジュース 1本
① コーヒードリッパーにフィルターをセットする。
② ジュースを①に入れて濾過し、ボトリングする。

ガーニッシュ

金胡麻	適量
桜の塩漬け	1本

作り方

❶ 金胡麻でグラスをリムする。
❷ 材料をシェイクして、氷を入れた❶に注ぐ。
❸ 懐紙を敷いた皿の上に❷をのせ、桜の塩漬けと黒文字を飾る。

バーテンダー談 どんなカクテル？

甘酒を牛乳で割った「醍醐」という飲み物が平安時代に流行ったそうです。最上に美味しいものを「醍醐味」と言いますが、その言葉の由来なのだとか。当時、お花見をしている貴族たちにバーテンダーが差し出すとしたら、このようなカクテルだったかもしれません。桜の塩漬けをグラスに入れると塩味が加わり、味の変化を楽しめます。ラムとパイナップルジュース、ココナッツミルクで作る「ピニャコラーダ」の和風版です。

The Society

日当たり良好

Sun room

ABV 0%

★ ★ ☆

シーバックソーンを活かしたベジーなモクテル

MOCKTAIL RECIPE

材　料

シーバックソーン ジュース	30ml
パッションフルーツ ピューレ(レ ヴェルジェ ボワロン)	10ml
トマト	1/2個
軟水	30ml
アガベシロップ	5ml
塩(フルール ド セル)	適量

ガーニッシュ

乾燥トマト	1枚
チャービル	1束

作り方

❶ トマトをすり下ろして、ボストンシェーカーに入れる。

❷ 残りの材料を加えてシェイクし、氷を入れたオールドファッ
ションドグラスに注ぐ。

❸ ガーニッシュを飾る。

バーテンダー談 どんな モクテル?

栄養価が高く、スーパーフードといわれる「シーバックソーン」のピューレをベースに、夏を感じる材料で作った一杯です。フルーツ本来の味わい、みずみずしさを追求しながら天然素材にこだわりました。シーバックソーンの目が覚めるような酸味とパッションフルーツの芳醇さ、トマトの旨味が合わさったヘルシーで新しい味わい。少量のアガベシロップがコクを、塩が味の輪郭をはっきりとさせてくれます。野菜ジュースが好きな方にお勧めです。

The Society

ホーカスポーカス

Hocus Pocus

ABV 0%

★ ★ ★

たった1tspでインパクトのある香りが広がる

MOCKTAIL RECIPE

材　料

グリーンアップル ピューレ(レ ヴェルジェ ボワロン)	30ml
超軟水で仕立てたホーリーバジルウォーター※1	60ml
オルジェーシロップ※2	1tsp
オレンジフラワー ウォーター	1tsp
非加熱はちみつ(Ome farm)	1tsp
ノンアルコールジン(ネマ 0.00% スタンダード)	1tsp

ガーニッシュ

エディブルフラワー(白)	1本

作り方

❶ ノンアルコールジンをグラスにリンスする。

❷ 残りの材料をボストンシェーカーに入れてシェイクし、氷を入れた❶に注ぐ。

❸ エディブルフラワーを飾る。

※1［超軟水で仕立てた　ホーリーバジルウォーター］
材料：ディーサイド ウォーター 500ml ／ ホーリーバジル 20g
① 材料を容器に入れて、3時間冷蔵する。

※2［オルジェーシロップ］（既製品でも可）
材料：生マカダミアナッツ（細かく刻む）80g ／ 水 150ml ／ 上白糖 150g ／ ローズウォーター 5ml
① 材料を93%に設定した真空包装器に入れて、沸騰したお湯で30分間茹でる。
② 粗熱が取れた①を12時間冷蔵し、ブレンダーで細かく砕く。
③ コーヒーフィルターで濾して、少量の水（シロップが透明になる程度）を加える。

バーテンダー談 **どんな** モクテル？

ピューレとフレーバーウォーターがレシピのほとんどを占めているため比重が軽く、すっきりした味わいで飲みやすい一方、1tspずつ加えた4種類の材料が香りにインパクトを与えるとても繊細な構成のモクテルです。フレーバーが付いたものも含め、水はカクテルの材料として成立するのではないでしょうか。最初にノンアルコールジンだけリンスしたのは、香りを複層的にするため。まるでお花畑にいるような香りで、ゆっくりと召し上がって頂けます。

The Society

ダブル エーサイド

Double A Side

ABV 0%

★ ☆ ☆

エスプレッソ・トニックをもっと美味しく

MOCKTAIL RECIPE

材 料

メープルビーツ シュラブ※	15ml
コールドブリュー コーヒー	30ml
トニックウォーター（フィーバーツリー）	90ml

※［メープルビーツ シュラブ］
材料：メープルシロップ 250g ／ビーツ
ジュース 50g ／サイダービネガー 50ml
① 材料をよく混ぜて、ボトリングする。

ガーニッシュ

ブルーベリー	3粒
スイートバジル	1束
カカオニブ（細かく刻む）	適量

作り方

❶ 氷を入れたタンブラーにメープルビーツ シュラブとトニック
ウォーターを入れて、軽く混ぜる。

❷ コーヒーをフロートする。

❸ ブルーベリーとスイートバジルを飾り、カカオニブを削りか
ける。

バーテンダー談 どんな モクテル？

海外で広まっているものの、国内でそれほど定着していない「エスプレッソ・トニック」を
もっと美味しく作ってみたいという思いから創作しました。そのまま飲むとコーヒーの香
りとトニックウォーターの苦味を感じますが、混ぜるとメープルビーツ シュラブの酸味と
土っぽさが出てきて一体感のあるモクテルになります。コーヒーとメープルビーツ シュラ
ブ、共に主役になり得る素材の組み合わせです。

柚子ココナッツ

Yuzu Coconuts

ABV 0%

★ ☆ ☆

時間差で3つのフレーバーが愉しめる

MOCKTAIL RECIPE

材　料

ココナッツピューレ(レ ヴェルジェ ボワロン)	30ml
グレープフルーツ ジュース	45ml
柚子シロップ※	1tsp
シンプルシロップ	1tsp
ソーダ	30ml

※[柚子シロップ]
材料：柚子果汁100%ジュース 200ml
／上白糖 150g
① 材料をよく混ぜて、上白糖を溶かす。

ガーニッシュ

こぶみかんの葉	1枚
ピンクペッパー	適量
ココナッツフレーク	適量

作り方

❶ ソーダ以外の材料をシェイクして、氷を入れたワイングラスに注ぐ。

❷ ソーダを加えて軽く混ぜ、ガーニッシュを飾る。

❸ ココナッツフレークを炙って焦がす。

バーテンダー談　どんな モクテル？

グラスを鼻に近づけた時、口に含んだ時、そして鼻から抜ける時にそれぞれ柚子、グレープフルーツ、ココナッツと時間差で3つのフレーバーが愉しめます。ひとつの複雑なフレーバーを生み出すのではなく、それぞれが異なるタイミングで香りを強調する点を利用すれば仕上がりが単調になりません。加熱すると香りが飛んでしまう柚子やスダチなどのシロップは、溶けやすい上白糖ならシンプルに混ぜるだけで作れます。

The Society

ストロベリー伯爵

Earl Strawberry

ABV 0%

★ ☆ ☆

方向性が異なる材料でも一体感のある味わいに

MOCKTAIL RECIPE

材　料

ストロベリーピューレ(レ ヴェルジェ ボワロン)	20ml
アールグレイティー(急冷したもの)	70ml
シンプルシロップ	10ml
バルサミコ酢	1tsp

ガーニッシュ

ベルローズ	1本
黒胡椒	適量

作り方

❶ 材料をシェイクして、氷を入れたワイングラスに注ぐ。

❷ ガーニッシュを飾る。

バーテンダー談 どんな モクテル?

モクテルを創作する際、親和性の高い材料だけを使うとミックスジュースに近い仕上がりになってしまいます。そこで、ベルガモットのフレーバーを感じるやや個性的なアールグレイとイチゴ、バルサミコ酢といった味の方向性が異なる材料を合わせました。例えば酸味にレモンなどのフルーツを使うと、イチゴと近過ぎて平坦な味わいになりがちです。あえて外すように選択するというのもポイントだと思います。

The Society

オールドトムキャット

Old Tom Cat

ABV 3.8%

★ ★ ★

SDGsを意識した
環境にやさしいトムコリンズ

COCKTAIL RECIPE

材 料

レモンシャーベット※1	5tsp
ジン（モンキー47）	10ml
クリアミルクパンチ※2	40ml
メディタレーニアン トニック レデュクション※3	20ml
ソーダ	30m

ガーニッシュ

グリーンレーズン（枝付き）	適量
レモンツイスト	1片

作り方

❶ シャンパングラスにレモンシャーベットを入れて、冷凍庫に置いておく。

❷ ジン、クリアミルクパンチ、メディタレーニアン トニック レデュクションをシェイクする。

❸ ❷を❶に注ぎ、ソーダを加えて軽く混ぜる。

❹ ガーニッシュを飾る。

バーテンダー談 どんなカクテル？

スタンダードカクテルの「トムコリンズ」をローアルコールカクテルにツイストしました。カクテル名は、トムコリンズのベースになるオールド・トム・ジン（ジンに糖分を加えて飲みやすくしたもの）を販売していた店に掛かっていた黒猫の看板「オールド トム キャット」から。SDGsを意識して、無農薬レモンを皮まで残さず使ったり、賞味期限が切れそうなスパイスや炭酸が抜けてしまったトニックウォーターを利用しています。

※1 [レモンシャーベット]
材料：無農薬レモンジュース 150ml／無農薬レモンの皮 25g／水 400ml／シンプルシロップ 160ml／水あめ 60g
① 無農薬レモンからジュースと皮を取り、ほかの材料とあわせてブレンダーにかける。
② 容器に移し、冷凍庫へ入れる。
③ 1時間に1回かき混ぜながら凍らせる。

※2 [クリアミルクパンチ]
材料：ココナッツウォーター 800ml／レモンジュース 250ml／シンプルシロップ 150ml／レモンピール 3個分／オレンジスライス 2個分／シナモンスティック 2本／ローリエ 5枚／ピンクペッパー 8g／ジュニパーベリー 5g／カルダモン 5g／黒胡椒 5g／クローブ 4g／スターアニス 4g／ライムリーフ 3g／牛乳 200ml
① 牛乳以外の材料を93%に設定した真空包装器で（またはジップロックに入れ、空気を抜いて）24時間冷蔵する。
② ①を濾して、容器に移す。
③ 牛乳を弱火～中火でゆっくりと温めて、60℃にする。
④ ③を②に加えてかき混ぜ、しばらく冷蔵庫で保管する。
⑤ 分離したら、コーヒーフィルターで濾過する。
⑥ シンプルシロップ、クエン酸（共に分量外）で好みの味に整える。

※3 [メディタレーニアン トニック レデュクション]
材料：フィーバーツリー メディタレーニアントニックウォーター 1本（炭酸が抜けたものも可）
① 手鍋にトニックウォーターを入れて、半量になるまで煮詰める。
② 粗熱が取れたらボトリングする。

The Society

くらふとこーらさわー

Crafted coke sour

ABV 5.0%

★ ★ ★

もし平安時代にバーテンダーがいたら？

▐ COCKTAIL RECIPE

材 料

焼酎（大和当帰インフュージョン）※1	15ml
薬膳コーラ コーディアル※2	40ml
ソーダ	65ml

ガーニッシュ

乾燥ごぼう※3	適量
糸唐辛子	適量

作り方

❶ 焼酎と薬膳コーラ コーディアルをステアする。

❷ 氷を入れた陶器に❶を注ぎ、ソーダを加えて軽く混ぜる。

❸ ガーニッシュを飾る。

バーテンダー談 どんなカクテル？

平安時代、既に渡来していたもののいずれも貴重な薬として使われていたスパイス。でも、もしかしたら当時もコーラのような飲み物があったかもしれません。奈良県で栽培される大和当帰は、セロリを思わせる香りが特徴。コーラとの相性がいいので、ウイスキーのような香りを持つ焼酎に浸け込みました。薬膳コーラ コーディアルはソーダで割ればクラフトコーラとしても愉しめますし、「オールドファッション」などのカクテルに加えるとスパイシーで複雑な一杯になります。

※1［焼酎（大和当帰インフュージョン）］
材料：焼酎（SG SHOCHU 麦）1本／大和当帰 15g
① 材料を容器に入れて4時間浸け込み、濾してボトリングする。

※2［薬膳コーラ コーディアル］
材料：水 300ml ／シナモンスティック 1本／バニラビーンズ 1/2本／生姜 25g／コーラナッツ 7g／黒胡椒 6g／グリーンカルダモン 5g／コリアンダー 4g／クローブ 2g／唐辛子 0.5g／ナツメグ ごく少量／オレンジスライス 1/2 個分／グラニュー糖 150g／クエン酸 5 〜 8g
① グラニュー糖とクエン酸以外の材料を鍋に入れて、弱火で30分加熱する。
② グラニュー糖を加えて中火で5分加熱し、93％に設定した真空包装器で（またはジップロックに入れ、空気を抜いて）24時間冷蔵する。
③ 茶こしで濾して、クエン酸を加える。

※3［乾燥ごぼう］
材料：ごぼう 適量
① ごぼうの泥を落とし、皮が厚い場合は少し削ぐ。
② ピーラーで縦にスライスし、シンプルシロップを溶いた水（シロップ1に対して水10くらいの割合）でマリネする。
③ 軽く搾り、70℃に設定したディハイドレーターに並べて4時間乾燥させる。

The Society

エニグマ

Enigma

ABV 5.6%

★ ★ ★

290

謎めいた香りと味わいに翻弄される

材料

ジン（ヘンドリックスジン ミッドサマー・ソルスティス）	10ml
ラズベリーピューレ（レ ヴェルジェ ボワロン）	35ml
水出し ラプサンスーチョンティー※	25ml
シンプルシロップ	10ml
みりん（三州三河みりん 1年熟成）	5ml
チョコレートビターズ（ボブズ）	1dash

※［水出し ラプサンスーチョンティー］
材料：軟水（冷蔵）200ml ／ラプサンスーチョンティー 5g
① 材料を容器に入れて、3時間ほど冷蔵庫で抽出する。

ガーニッシュ

アムチュール	適量

作り方

❶ アムチュールでグラスをリムする。
❷ 材料をシェイクして、❶に注ぐ。

バーテンダー談 どんなカクテル？

華やかな香りのラズベリーと、燻製香のするラプサンスーチョンという相反した香りの組み合わせから考えたカクテルです。それらに花やお菓子のような香りが強いジンを合わせて、みりんはコク、アムチュール（乾燥青マンゴーをパウダーにしたもの）は酸味を出すために加えました。アルコールが弱くても、コクのあるどっしりとした味わいなら満足感が高くなります。味覚などを研究している大学教授に絶賛された一杯です。

The Society

マンゴーの実と猿の王様

Mango & King of Monkeys

ABV 0%

★ ★ ★

ホエイを使うことで単調な味わいから解放

MOCKTAIL RECIPE

材　料

マンゴー&バナナ コーディアル※1	30ml
軟水	50ml
ホエイ	10ml
ノンアルコールジン (ネマ 0.00% ウイスキー／スパイスミックス)※2	1tsp

ガーニッシュ

乾燥バナナ スライス※3	1枚
カレーリーフ	1束

作り方

❶ 氷を入れたワイングラスにマンゴー&バナナ コーディアル、軟水、ホエイを入れてステアする。

❷ ノンアルコールジンを❶に浮かべる。

❸ ガーニッシュを飾る。

バーテンダー談 どんな モクテル？

インドの昔話『マンゴーの実と猿の王様』をイメージして創作しました。マンゴーとバナナは乳酸の味わいや酸と相性が良く、ヨーグルトの風味を持ちながらも比重の軽いホエイを使うことで単調な味から解放されます。はじめにスパイス香、フルーティさ、そして乳酸を感じる余韻へ。相性が良いものを順番に感じさせて、何度もグラスを傾けたくなるように構築しています。

※1［マンゴー &バナナ コーディアル］
材料：水 500ml／マンゴーピューレ(レ ヴェルジェ ボワロン) 150g／バナナ ピューレ(レ ヴェルジェ ボワロン) 100g／上白糖 250g／リンゴ酸 5g
① 解凍したピューレと水をブレンダーで混ぜて、コーヒーフィルターで濾過する。
② 上白糖を加え、93%に設定した真空包装器に入れる(またはジップロックに入れ、空気を抜く)。
③ 低温調理器(80℃・30分)にかける。
④ リンゴ酸を加えて混ぜ、冷蔵保存する。

※2［ノンアルコールジン(ネマ 0.00% ウイスキー／スパイスミックス)］
材料：ノンアルコールジン(ネマ 0.00% ウイスキー) 60ml／Dish (es) Spices (es) WEDNESDAY 1g
① 材料をよく混ぜてコーヒーフィルターで濾過し、ボトリングする。

※3［乾燥バナナ］(既製品のバナナチップスでも可)
材料：バナナ 1本
① バナナを縦に薄くスライスする。
② 70℃に設定したディハイドレーターで6時間乾燥させる。

パークホテル東京 ザ ソサエティ

Bartender

南 木 浩 史

大学在学中に渡米し、ニューヨークバーテンディングスクールを卒業。クラシックカクテルについて研鑽を積み、ヨーロッパを巡りながらミクソロジーを学ぶ。各種コンペティションで受賞後、企業とのカクテル創作、シェフとのペアリング、ゲストシフト、セミナー、ツール制作などを行うGastronomy Algorithmを立ち上げ、世界中で活動している。東京・汐留「パークホテル東京」のバーマネージャー。

Bar info

パークホテル東京 ザ ソサエティ　東京都港区東新橋1-7-1 汐留メディアタワー 25F　TEL：03-6252-1111（代表）

Chef's Choice
&
Food Pairing

The Royal Scotsman
Tomohiro Onuki

これまでに紹介した
12名のバーテンダーさんによるカクテルレシピから、
シェフが各1品を選んで
ペアリングに最適なフードを提案します。
どなたにでも作れるよう、レシピはなるべく
シンプルに仕上げてあります。

Peter: The Bar 江戸パレス ✕

茗荷とセロリの
塩昆布和え

爽やかな味わいに塩昆布の旨味が引き立つ

FOOD RECIPE

材 料 (2人分)

茗荷	3個
セロリ	100g
塩昆布	10g
オリーブオイル	10g

作り方

❶ 茗荷を半分に切って、斜めに薄くスライスする。

❷ セロリの筋を取り、薄くスライスする。

❸ ボウルに❶と❷、塩昆布、オリーブオイルを入れて混ぜ、器に盛る。

シェフ談 ペアリングと調理のポイント

比較的しっかりとした酸味にほろ苦さを感じる八朔と爽やかなミント、抹茶がカクテルに入っていることから、緑や春のうららかな日和を連想しました。これらに同じ緑色で瑞々しいセロリとさっぱりした辛味を感じる茗荷を合わせて、アクセントに塩昆布を。長く置いておくと水分が出てきてしまうので、浅漬けで召し上がってください。茗荷は厚めに切って、さらに食感を出しても。

BAR NEKOMATAYA マリルー ✕

豚肉の
カリカリ炒めサラダ

東南アジアの屋台で出てくるBBQをイメージ

材 料（2人分）

豚肉（豚バラスライス）	150g
紫玉ねぎ	1/2個
玉ねぎ	1/2個
ルッコラ（4〜5cmにカット）	1束
ラディッシュ	2個
塩	小さじ1/2
粗挽き黒胡椒	少々
サラダ油	適量
ドレッシング※	右記分量

※［ドレッシング］
材料：おろしにんにく 1/2片 ／オリーブ油 大さじ2 ／ごま油 大さじ1 ／白ワインビネガー（米酢など白い酢であればOK）大さじ1 ／練りごま（白）小さじ1
① 材料をボウルに入れて混ぜる。

作り方

❶ 紫玉ねぎと玉ねぎを縦半分に切って薄切りにし、流水にさらす。

❷ フライパンに油を入れて熱し、塩と胡椒をふった豚肉を並べて、中火〜弱火で全体がカリカリになるまでゆっくり焼く。

❸ キッチンペーパーに取り、油をしっかり切る。

❹ ❶をザルに取って水を切り、さらにキッチンペーパーに包んで水気を取る。

❺ ボウルに❹とルッコラ、ラディッシュ、豚肉を入れてドレッシングで味付けし、器に盛る。

シェフ談　ペアリングと調理のポイント

パイナップルとライムから東南アジアの情景や、「カオパット・サパロット（パイナップルチャーハン）」などのタイ料理が目に浮かんで、屋台で出てくるBBQのような一品を作ろうと思いました。サラダはしっかり水切りをするとドレッシングがよく絡みますし、カリカリに焼いた豚肉の食感が失われません。このドレッシングは、蒸し鶏のサラダなどにも合いますので使ってみてください。

Cocktail Bar Nemanja　エルド マンゴー ラッシー

アボカドと
モッツァレラチーズの
アチャール

スパイスを使ったインド風の漬物

FOOD RECIPE

材　料（2人分）

アボカド（少し硬め）	1個
モッツァレラチーズ（1.5cmの角切り）	100g
生姜（せん切り）	50g
オレンジ（果肉）	1個分
サラダ油	250ml
塩	小さじ1
ホースラディッシュ（すりおろし）	小さじ1
パウダースパイス※	小さじ1
パプリカパウダー	適量

※［パウダースパイス］
材料：パプリカパウダー　大さじ1／レッドペッパーパウダー　小さじ2／コリアンダーパウダー　小さじ1／クミン　小さじ1／ターメリックパウダー　小さじ1/2／ガラムマサラ　小さじ1/2
① すべての材料を混ぜ合わせておく。

作り方

❶ ボウルにサラダ油、塩、ホースラディッシュ、パウダースパイスを入れて、よく混ぜ合わせる。

❷ アボカドを半分に切って種を取り除き、皮を剥いて16等分にしたものを❶に加える。

❸ モッツァレラチーズ、生姜、オレンジを加えて、しっかりと混ぜ合わせる。

❹ 30分ほど寝かせて、味が落ち着いたら皿に盛る。

❺ パプリカパウダーを散らす。

シェフ談　ペアリングと調理のポイント

ラッシーと聞くとカレーを思い浮かべる人が多いかもしれませんが、バーのサイドメニューとして小さなフォークで簡単につまめるものにしました。濃厚なアボカドと爽やかな甘酸味のあるオレンジは相性が良く、生姜の香りとスパイシーさ、モッツァレラの食感がアクセントになっています。アボカドは柔らかいものより混ぜやすく、崩れないやや固めのものを。作ってから1週間程度は保存ができます。

Craftroom　パッションサワー　✕

クリームチーズと
リンゴのカラメリゼの
カナッペ

手軽につまめるバーフード

FOOD RECIPE

材 料（2人分）

クラッカー	4枚
クリームチーズ	小さじ4
リンゴ	1/4個
バター	10g
グラニュー糖	小さじ2
セルフィーユ	適量

作り方

❶ リンゴの皮を剥き、芯を取り除いて1.5cmほどの角切りにする。

❷ 熱したフライパンにバターを入れて溶かし、❶とグラニュー糖を加え、中に火が入るまでカラメリゼする。

❸ バットなどに移して粗熱を取り、冷蔵庫で冷やしておく。

❹ クラッカーの上にクリームチーズをのせる。

❺ ❸のリンゴを❹の上にのせて、セルフィーユを飾る。

シェフ談　ペアリングと調理のポイント

甘酸っぱく芳醇な香りが特徴のパッションフルーツと、すっきりした味わいのクリームチーズは鉄板の組み合わせです。カクテルにシロップが入っているものの、レモンの酸味やローズマリーの香りが全体の味わいを引き締めていると感じたため、料理にも甘味を足しました。リンゴはお好みで選んでも良いですが、酸味のある品種のほうがカラメリゼした時にその風味が引き立ちます。

CRAFT CLUB 地中海ブラッディメアリー ✕

ゴマとアボカド、エビのサラダ

ライムが爽やかさを運んでくれる

FOOD RECIPE

材　料（2人分）

アボカド	1個
ライム	1/2個
黒ごま(炒り)	適量
ブラックタイガー(背わたを取り、軽く塩をする)	4尾
ラディッシュ(薄くスライス)	2個
ルッコラ(適当な長さにカット)	適量
ローストくるみ(手で砕く)	20g
くるみオイル	大さじ3
塩	適量
オリーブオイル	適量

作り方

❶ アボカドを半分に切って種を取り除き、4等分のくし形にして皮を剥く。

❷ ライムの皮を包丁やピーラーで1/4ほど剥き、裏の白い部分を取り除いて千切りにする。さらに、果汁を搾っておく。

❸ ❶の全面に❷の果汁を付け(変色防止)、軽く塩をして黒ごまを片面にしっかり付ける。

❹ 残ったライム果汁にくるみオイルと塩少々を加え、混ぜてドレッシングにする。

❺ ラディッシュ、ルッコラ、ローストくるみをボウルに入れ、❹を大さじ2杯加えて味を整える。

❻ フライパンを熱してオリーブオイルを入れ、ブラックタイガーの表面を香ばしく焼き上げる。

❼ ❺を皿に盛り、ブラックタイガーとアボカドをのせて、残ったドレッシングを適量回しかける。

シェフ談

ペアリングと調理のポイント

トマト、パプリカ、オリーブ、そして地中海といえばイタリア、フランス、スペインの南部。このエリアで獲れる豊富な魚介の中から、トマトと同じく赤色のエビを選んで相性の良いアボカドを合わせました。さらにアボカドのねっとりした感じを引き締め、変色防止にもなるライムと、黒ごまの香ばしさをプラス。ローストしたくるみのカリッとした食感と、くるみオイルの香りや旨味がアクセントになっています。

LE CLUB ノンハッタン ✕

クレームブリュレ

香ばしさと食感で杯が進む

FOOD RECIPE

材　料（3人分）

生クリーム	187ml
牛乳	62ml
バニラビーンズ	1/2本
卵黄	4個
グラニュー糖	30g
カソナード	適量

作り方

❶ ボウルに卵黄とグラニュー糖を入れて、充分に混ぜる。

❷ 鍋に牛乳とバニラビーンズを入れて沸騰させ、❶に加えて混ぜる。

❸ 生クリームを加えて裏ごしをし、氷水を張ったボウルに当ててしっかりと冷やす。

❹ ❸をココット（耐熱皿）に入れて天板に並べ、お湯を半分ほど張って140℃で25〜40分程度焼く（ココットを揺らすと"ブルン!"となるまで）。

❺ 網などの上に置いて粗熱を取り、冷蔵庫でひと晩冷やす。

❻ 表面にカソナードを振りかける（ムラができないよう、余分なカソナードを落とす）。

❼ バーナーで焼き色を付ける。

シェフ談

ペアリングと調理のポイント

パリッとした表面にスプーンを入れると、トロトロのクリームが出てくるクレームブリュレ。ほんのり甘いトウモロコシ茶、スパイシーで甘美なシナモン、フルーティでコクのある赤ワインビネガーといったレシピから、柔らかく香ばしいデザートが合いそうだと考えました。工程❸と❺でしっかりと冷やし、「す」が入らないように材料を混ぜる時とココットに流し入れる時になるべく空気を入れないこと、オーブンの温度管理が調理のコツです。

TIGRATO コーヒー スカッシュ ✕

コリアンダー香る
サーモンマリネ

甘く爽やかな香りに包まれて

FOOD RECIPE

材　料（2人分）

サーモン（刺身用柵、骨があれば除く）	180g
塩	5.4g
（サーモンの重量に対して3%）	
砂糖	5.4g
（サーモンの重量に対して3%）	
コリアンダーホール	2.7g
（塩の1/2量）	
オリーブオイル	適量
レモンの果実	2房
イタリアンパセリ	適量

作り方

❶ コリアンダーホールを潰し、塩と砂糖を加えて混ぜる。

❷ サーモンをバットに置き、❶を均一になるよう全面にかけて覆う。

❸ ラップをして、冷蔵庫で12時間以上寝かせる。

❹ 表面の塩を手早く洗い流し、キッチンペーパーで水気をしっかり取る。

❺ 新しいバットにのせて、ラップをせずに冷蔵庫で12時間寝かせる。

❻ 2mm程度にスライスして皿に並べ、オリーブオイルを全面にかける。

❼ レモンとイタリアンパセリを飾る。

シェフ談

ペアリングと調理のポイント

夏のうだるような暑さの中、コーヒースカッシュを飲む光景をイメージして考えたのがサーモンとレモンの組み合わせ。コーヒーやベルモットの酸味と、アブサンのハーバルな香りは、サーモンや貝などの魚介系に合います。サーモンは、甘く爽やかな香りのコリアンダーを加えた塩漬けに。通常の方法（重量に対して約10%の塩）で塩漬けすると塩抜きの加減が難しいので、表面を洗い流すだけで簡単に作れるようにしました。

The Bar Sazerac 旨みスパイストマト ✕

キャベツのブレゼ

キャベツにたっぷり旨味を吸わせて

FOOD RECIPE

材　料（2人分）

キャベツ	300g
玉ねぎ	1/2個
ベーコン	50g
ソーセージ	2本
バター	15g
にんにく	1/2片
塩	少々
粗挽き黒胡椒	少々
粒マスタード	適量

作り方

❶ 鍋にバターとにんにくを入れて、中火にかける。

❷ 香りが立ったらベーコンとソーセージを加えて、表面が軽く色づくまで焼く。

❸ 玉ねぎを入れて、❷の脂をからめるように軽く炒める。

❹ キャベツを入れて、塩と胡椒をふり、蓋をする。

❺ 弱火にしてキャベツの水分で蒸し煮にし、鍋底が焦げつかないようにときどき蓋をあけて底から混ぜる（約10分）。

❻ 皿に盛り、粒マスタードを添える。

シェフ談　ペアリングと調理のポイント

"ブレゼ"は少量の水分で加熱する、蒸し煮のようなフランス料理の調理法。カクテルに浅利や昆布、トマトの旨味成分が入っているので、それに負けないようソーセージやベーコンの旨味とにんにくや玉ねぎの香りをキャベツにたっぷり吸わせました。ソーセージとベーコンの質が良いと、キャベツの味も格段に上がります。春キャベツだと柔らかくなり過ぎてしまうため、できればそれ以外の季節のもので。

the bar nano. gould.　KFC フィズ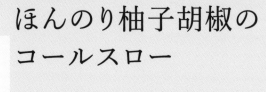

ほんのり柚子胡椒の
コールスロー

KFCの人気サイドメニューをアレンジ

FOOD RECIPE

材　料（2人分）

キャベツ（みじん切り）	200g
玉ねぎ（みじん切り）	50g
にんじん（みじん切り）	25g
塩	3g
砂糖	9g
マヨネーズ	30g
酢	20g
柚子胡椒	小さじ1
ゆで卵	2個

作り方

❶ キャベツ、玉ねぎ、にんじんをジップロック等の清潔な袋に入れ、塩を加えて袋の上から手でもむ。全体に塩が馴染んだら、冷蔵庫に入れて20分ほど置く。

❷ 冷蔵庫から出して再び袋の上から手でよくもみ、水分をしっかり出す。

❸ ザルに移して水気を切り、さらに両手で硬く絞る。

❹ ボウルに砂糖、マヨネーズ、酢、柚子胡椒を入れてかき混ぜ、❸と崩したゆで卵を加えてしっかり混ぜる。

シェフ談　ペアリングと調理のポイント

KFCのオリジナルチキンを再現したカクテルには、同じく代表的なメニューのアレンジを。チキンのエキスとスパイスで、シロップは味がかなり濃いのではないかと想像しましたが、レモンとソーダですっきりとした仕上がりになるならクリーミーなマヨネーズの味わいが合うだろうと考えました。野菜の水分が出てくるとべちゃべちゃになってしまうので、水気はしっかりと切るのがポイントです。冷蔵庫で1時間ほど冷やすと、味が馴染みます。

LAMP BAR クリアコーラ × タイの春雨サラダ

タイの思い出によるインスピレーション

FOOD RECIPE

材料（2人分）

緑豆春雨	25g
ブラックタイガー（殻を剥いて尾と背わたを取る）	6尾
鶏ひき肉	50g
トマト（8等分にカット）	1/2個
紫玉ねぎ（幅1cm弱のくし形切り）	1/8個
セロリ（斜めにスライス）	1/3本
パクチー（適当な大きさにカット）	適量
ナンプラーレモンだれ※	適量

※[ナンプラーレモンだれ]
材料：ナンプラー、砂糖、レモン汁 各大さじ1と1/2／にんにく（みじん切り）1/2片／赤唐辛子（小口切り）小さじ1/2
① すべての材料を混ぜ合わせておく。

作り方

❶ 鍋にたっぷりの湯を沸かして春雨を茹で、ザルに取って水気を切る。

❷ 同じ湯でブラックタイガー、鶏ひき肉の順にそれぞれ色が変わるまで茹で、水気を切る。

❸ ❶と❷を大き目のボウルに移し、トマト、紫玉ねぎ、セロリ、パクチーを加える。

❹ ナンプラーレモンだれをかけて充分に混ぜ合わせ、皿に盛る。

シェフ談 ペアリングと調理のポイント

カルダモン、クローブ、ナツメグ、コリアンダーといったスパイスが入るシロップをベースにしたコーラと聞いて、タイ旅行を想起しました。というのも、40度以上ある猛暑の中、家族がタイで結婚式を挙げた時にライム入りのコーラを何杯も飲んだからです。代表的なタイ料理のヤムウンセン（春雨サラダ）に入っているパクチーの香りや唐辛子の辛さは、コーラにぴったり。現地の人に教えて頂いたナンプラーレモンだれも絶品で、餃子や焼売、ラーメンにも使えます。

memento mori ラプサンスーチョン ティーテイル

✕ レンコンと牛肉の
きんぴら

牛肉の旨味がレンコンに染み込む

FOOD RECIPE

材　料（2人分）

レンコン	200g
牛肉（切り落とし）	200g
ごま油	大さじ1
白ごま	適量
Ⓐ酒	大さじ2
Ⓐ醤油	大さじ2
Ⓐみりん	大さじ1
Ⓐ砂糖	大さじ1

作り方

❶ レンコンをスライサーで1〜2mmの薄切りにして、3分ほど水にさらす（新鮮なものなら皮は剥かなくてもOK）。

❷ ザルにあげて水を切り、さらにキッチンペーパーで水気を取る。

❸ フライパンにごま油を入れて熱し、レンコンを炒める。表面が透明になってきたら、一度皿にあげておく。

❹ フライパンにⒶを入れて煮立たせ、牛肉を加える。

❺ 5割ほど火が通ったら❸のレンコンを加え、炒め合わせる。

❻ 牛肉に火が通ったら皿に盛り、残った煮汁を煮詰めて上からかける。

❼ 白ごまをふる。

シェフ談

ペアリングと調理のポイント

ノンアルコールの赤ワインを再現したカクテルで、ワインといえばテロワールを重視する人も多いですよね。そこで土を意識して、根菜の中でもシャキシャキとした独特な食感でカットした時に形の見映えが良いレンコンを選び、赤ワインに合うお肉を加えてきんぴらを作りました。牛肉の旨味がしっかりとレンコンに染み込むので、甘くて脂の質が良い和牛を使ったほうが良いでしょう。

The Society ダブル エーサイド ✕

クラシック
ジンジャーケーキ

コーヒーに合うほろ苦い大人のデザート

FOOD RECIPE

材　料（18×8×高さ6.5cmのパウンド型1台分）

ラード	106.5g
薄力粉	157.5g
重曹	10g
卵	38g
黒みつ	大さじ1
ブラウンシュガー	53g
生姜のコンフィチュール（みじん切り）※	53g
牛乳	23g

前準備

❶ オーブンシートをパウンド型の内側に敷き込む。

❷ ラードを常温でしばらく置いておき、柔らかくする。

❸ 薄力粉と重曹を合わせ、こし器でふるう。

❹ 卵をボウルなどに割り、泡立て器でほぐして常温に戻しておく。

❺ オーブンを180℃に温め始める。

作り方

❶ ボウルにラードを入れて、泡立て器で柔らかくなるまで混ぜる。

❷ 黒みつを加えて混ぜ、さらにブラウンシュガーを加えて均一に混ぜる。

❸ ふるった薄力粉と重曹、生姜のコンフィチュールを加えてよく混ぜる。

❹ 牛乳と卵を加えてしっかり混ぜ、型に生地を入れる。

❺ ❹を台に4〜5回ほど打ちつけ、生地の中の余分な空気を抜く。

❻ 表面をゴムベラやスプーンの裏側でならし、両端は高く、中央を少しくぼませる（そうすることで真ん中が膨らまず、均一な高さになる）。

❼ 150℃のオーブンで50分焼く。中心に竹串を刺して、何も付かなければ焼き上がり。

❽ 熱いうちに型から外して、網などにのせて冷ます。

※［生姜のコンフィチュール］

材料：生姜 250g／てんさい糖 200g／レモン 1/4個／シナモンスティック 1/2本／唐辛子（種抜き）1/2本

① 生姜をしっかり洗い、皮付きのままスライサーで1mm程度にスライスする。

② ボウルに①とてんさい糖を入れて、水分が出てくるまで1時間ほど置いておく。

③ 鍋に②とレモン、シナモンスティック、唐辛子を入れて、飴色になるまで煮る（焦げやすいため、火加減に注意しながら木べらなどでゆっくりかき混ぜる）。

シェフ談

ペアリングと調理のポイント

このカクテルはバー向けのレシピですよね。カウンターでコーヒーカクテルを飲むなら、ほろ苦い大人のデザートが似合うだろうとジンジャーケーキを選びました。基本的に混ぜるだけなので難しくないですし、一本作っておけばカットするだけで提供できます。徐々に生地がしっとりとしてくるので、3〜4日ほど冷蔵庫に置いた後に召し上がるのがお勧め。ラップにくるめば冷蔵庫で10日間くらいは持ちますし、カットして冷凍保存もできます。提供する際には、常温に戻したほうが美味しいです。

The Royal Scotsman
Owner Chef & Bagpiper
小貫友寛

16歳から調理の道へ進み、24歳で渡仏。「レガラード」「シェ・ミッシェル」など、一流のビストロでフランス料理の修行を始める。3年が過ぎた頃、旅行先でバグパイプを演奏する団体に出会ったことがきっかけでその魅力にとりつかれ、練習後に度々訪れたパブで「こんな場所を神楽坂に作れたら」と考えるように。帰国後の2011年、「ザ・ロイヤルスコッツマン」を開店。スコットランドの伝統的な料理と、自身で栽培した生姜のシロップやケーキなどのお菓子が好評。

Pub info

The Royal Scotsman 東京都新宿区神楽坂3-6-28 土屋ビル1F　TEL：03-6280-8852

モクテル＆ローアルコールカクテル
創作のヒント — バーテンダーさん編 —

　モクテル＆ローアルコールカクテルのレシピ（p.31〜p.294）をご紹介頂いた12名のバーテンダーさんに創作の過程を伺い、そのお話をまとめました。一般的なカクテルを作る時とは異なるアプローチや、ミックスジュースとの違いをどう捉え、組み立てているのでしょうか。重視している点、難しいと感じるところ、工夫したことなど、バーテンダーさんたちの意見が創作のアイデアに繋がるヒントになるはずです。

モクテル

親和性の高い材料だけを使わない

　フルーツ×フルーツは相性が良いものの、味の方向性が似通っているためミックスジュースになってしまう。ビネガーやヨーグルトなどのフルーツとは異なる酸味や、ハーブを加えるといった工夫を。例えばマンゴー（果実系）＋ココナッツ（種子系）＋唐辛子（スパイス系）のように同系統のものだけでまとめず、香りと味をあえて外してみる。異なるベクトルのジャンルを組み合わせれば、平坦な味わいにならない。また、甘いものに対して苦味、脂っこいものに酸味といった対比になるような素材を入れてみる。

ある程度の"引っ掛かり"を

　香りや味わいのインパクトが強いものを少量加えたり、ドロッとしたテクスチャーに仕上げると、口の中で一旦留まるような感覚があり、ミックスジュースのようにゴクゴク飲めなくなる。ただ、アルコールが入っていないだけにスパイスなどの風味が際立ちやすく、刺激が強いだけのノンアルコールカクテルになってしまう可能性も。最初は美味しくても、徐々に飲み疲れしてしまうと杯が進まない。飽きずに、かつ物足りなさも感じさせない絶妙なバランスの匙加減を。

香りの移り変わりに注目

モクテルでより重視したいのが、香り。①グラスを鼻に近づけた時、②口に含んだ時、③鼻から抜ける時の3段階に香りを分けて、使用材料がどの段階で最もフレーバーを強調するかを意識した構成に。相性が良いもの同士を混ぜてひとつのフレーバーを生み出すのではなく、温度帯や時間差で香りが変化するようなレシピを考えて単調な仕上がりを避ける。

ノンアルコールでも満足感が得られるように

複雑さ、奥行き、厚み、余韻などの効果で、ミックスジュースとは一線を画す味わいに仕上げる。わかりやすいのが、酸味、苦味、辛味がある素材を加えること。甘味はボリュームを出すために使うことが多いが、甘い方向に引っ張られがちなので注意。さまざまな素材をアクセントに用いて、複層的な風味やふわっと香る余韻を与えるといった工夫をしたい。モクテルはどうしても軽くなってしまうため、いかに印象的な一杯にするかが課題。

見た目から楽しめる提供方法を

グラスやガーニッシュ、液体の色合いといったビジュアルも大事。アイレ（泡）やフレーバーブラスター（アロマが香るスモーク＆バブル）、火を使った演出などでメイキングから楽しませることもできる。ノンアルコールながら、まるでアルコールを飲んでいるかのように錯覚させる香りや味わいに仕上げるのか、お酒でもミックスジュースでもない、新しい分野のドリンクとして構成していくかはそれぞれの考え方や得意とする手法次第。また、テーマやストーリーを持たせて、レシピを組み立てても面白い。

ハイプルーフのスピリッツを少量入れる

アルコール特有のボディや香りを代用できる素材を探すのは難しい。ローアルコールにしようとアルコール度数が低いお酒をたくさん使うのではなく、ハイプルーフのスピリッツを少量入れたほうが味わいに深みや骨格が生まれて満足感につながる。アルコールの刺激が隠れる程度に調整しながら、バランスをとること。

アルコール度数が低い分、香りで補う

お酒にあまり馴染みのない人には、お酒は苦い、飲みづらいというイメージが強い。一方、普段カクテルを飲んでいる人にとって、ローアルコールカクテルはお酒由来のアタックや旨味を感じづらい。少量しかアルコールを入れることができないので、味わいに大きな影響を与える香りでそれらを補う必要がある。ガーニッシュやリム、ドロップするビターズに印象的な素材を選んだり、ラムやブランデーの芳醇な香りをアトマイザーでスプレーするなど趣向を凝らして。

リンスやステア、フロートを活用する

すべての材料を一度にシェイクするのではなく、最初にリンスするものを入れると香りが複層的になる。また、最初にお酒の風味を感じられるよう、ウイスキーなどをフロートすることも。アルコール度数の低いカクテルはシェイクすると水っぽくなる可能性が大きいため、状況に応じてステアを活用すると良い。

モ ク テ ル ＆ ロ ー ア ル コ ー ル カ ク テ ル
創 作 の ヒ ン ト　── 味覚のプロ編 ──

　モクテルやローアルコールカクテルをどのように捉え、組み立てていくかは作り
手の考え方やその時の状況によりますが、ここでは「アルコールが全く（あるいはほ
とんど）入っていないのに、まるでお酒を飲んでいるような感覚になる」エタノール
の再現についてご紹介します。各方面でご活躍されている、株式会社味香り戦略
研究所 主席研究員の髙橋貴洋さんにお話を伺いました。

アルコール感とは

　アルコール感を「純粋なエタノール（アルコールの一種で酒精とも呼ばれ、特有の芳香を持
つ）を使った水溶液の味わい」と定義しましょう。エタノールおよびその水溶液は、次のように様々
な刺激を人に与えます。

- 味覚・嗅覚・痛覚（温感）を刺激する。
- アルコール感としての感覚は0.01％から生じるが、鼻をつまんで味わうと2.6％くらいか
  らの認識となるため、口内で生じるエタノールの揮発による嗅覚刺激も関与しているこ
  とがわかる。
- 約3％から苦味・甘味、5％から灼熱感、18％くらいから痛みを感じる（アルコール度数に
  よっては、酸味や塩味を感じる人も少数例ある）。
- エタノール刺激は五味に対して抑制効果がある。特に苦味を強く抑制する場合が多い
  （エタノールに苦味物質が溶け込みやすいためと考えられる）。
- 灼熱感は、痛覚（温度覚）をエタノールが刺激している。

　従って、アルコール飲料に含まれるエタノールはアルコールの強さ（刺激）をはじめとし、ひいて
は立体感や複雑さ、風味（味＋におい）にも寄与していることがわかります。

参考文献：「アルコールと味覚　冨田 寛　他2名　日本醸造協會雜誌71巻(1976)3号, p. 141-145 より抜粋、一部改変」

アルコール感を再現できる材料

　アルコール感を再現するために、エタノール水溶液の主な味わい・刺激を簡単にまとめると、味覚としての甘味・苦味、痛覚（温感）刺激による灼熱感、嗅覚への刺激がメインであると考えられます。

　ただ、エタノール水溶液の甘味は強くない（濃度や温度にもよる）ので、食材に含まれる甘味やシロップを添加した場合、エタノールあるいは食材のどちら由来の甘味なのか認識はできないと予想されます。そのため、アルコール感を再現するには人間が先天的に毒と認識し、敏感に感じる苦味・灼熱感を意識して用いたほうがわかりやすいでしょう。先述したとおり、灼熱感は痛覚（温度覚）をエタノールが刺激しているので、温度の受容細胞TRPV1（表1参照）を刺激する代替物質を使うと良いです。

表1. 温度感受性TRPチャネルを活性化するスパイスとその活性化成分，及び各スパイスの味わいの特徴

温度感受性 TRPチャネル	活性化温度閾値	スパイス	活性化成分	各スパイスの味わいの特徴
TRPV1	43℃<	トウガラシ	カプサイシン	舌を焼くような刺激的な辛味
		'CH19 甘'	カプシエイト（カプシノイド）	ピーマン様の香りと無辛味
		生姜	ジンゲロール, ショーガオール, ジンゲロン	新鮮さ, 花, 柑橘, 木, ユーカリのにおいが混じった爽やかな香りとシャープな辛味
		黒コショウ	ピペリン	新鮮さ, 柑橘, 木, 温かさ, 花のにおいが混じった総合的な香りとキレの鋭い辛味
		クローブ	オイゲノール	強く甘い香りと舌を刺すような刺激的な苦味と辛味
		山椒	サンショオール	すがすがしい香りと, ヒリヒリ, ジンジンするような痺れをもたらす独特の辛味
		ワサビ	アリルイソチオシアネート	鼻に抜ける鋭く軽やかな辛味
TRPV3	32～39℃<	タイム	チモール	清涼感のある強い香りと突き刺すようなスパイシーな苦味
		オレガノ	カルバクロール	樟脳に似た野性味豊かな強い香りと淡い苦味
		サボリー	カルバクロール	タイムよりさらに強い独特の香りと刺激的な苦味
		クローブ	オイゲノール	強く甘い香りと舌を刺すような刺激的な苦味と辛味
TRPM8	<28℃	ペパーミント	メントール	清涼感のある爽やかな独特の香り
		ローレル	シオネール	木, 花, ユーカリ, クローブのにおいがうまく調和した香りとわずかな苦味
		ローズマリー	シオネール	木, 松, 花, ユーカリ, クローブなどのにおいが混じった強い香りとほろ苦い風味
TRPA1	<17℃	ワサビ	アリルイソチオシアネート	鼻に抜ける鋭く軽やかな辛味
		シナモン	シンナムアルデヒド	清涼感のあるキリリとした芳香と甘味にわずかに辛味が絡み合った独特の風味
		ニンニク	アリシン, ジアリルジスルフィド	強烈な独特の香り
		ミョウガ	Miogadial, Miogatrial	独特の香りと苦味
		黒コショウ	ピペリン	新鮮さ, 柑橘, 木, 温かさ, 花のにおいが混じった総合的な香りとキレの鋭い辛味

「スパイスの化学受容と機能性　川端 二功　日本調理科学会誌vol.46, no.1, pp.1-7, 2013より抜粋」

灼熱感の認識

　アルコールの灼熱感は、なぜ起こるのでしょうか。口内には温度を認識して脳に伝える受容体TRP（トリップ）がたくさん存在していて、温度がトリガーとなって受容体が活性化＝暖かい・冷たいと感じさせています。温度だけでなく、特定の化学物質刺激でもTRPは活性化し、暖かい・冷たいと認識させることができます。

　たとえば唐辛子を食べたときにHOTと表現しますが、まさにカプサイシンがTRPを刺激し、温度感覚であると認識させています。TRPは全身に存在し、湿布薬や唐辛子入りの塗り薬を付ければ暖かく感じますし、ハッカ油を塗れば真冬の寒さに感じるのもそのためです。体表面よりも口内のほうがTRPは多く存在し、熱いものや冷たいものをより認識します。

　さて、エタノールはTRPの種類の中の「TRPV1」という受容体に結合し、灼熱感（熱さ）を認識させます。これはTRPV1に結合し、活性化が起こると43℃以上の物質が存在すると感じさせる役割があることを示しています。ちなみに43℃というと、少し熱い温泉のような感覚だと思うかもしれませんが、人間の細胞的には危機感が出る温度帯です。例えば体内の酵素活性が極端に下がったり、50℃を超えれば変性するタンパク質も出てきます。

　実生活で言えば、熱い味噌汁やコーヒーをアジア人は好みますが、すすりながら空気を巻き込み、温度をあまり感じない舌の中央や唾液による温度緩衝などで火傷をせずに飲食することができています。つまり、表面上では一時的に43℃以上になっているものの、唾液などで冷やされているので無事である状態です。そのため、もし口内で43℃以上をキープするといずれはどこかに障害が発生します。インフルエンザなどで40℃を超えると危ないのと同じです。

　話を戻すと、温度を認識させる物質があり、エタノールでTRPV1が活性化します。エタノール以外にも、ハッカ油、唐辛子、コショウ、花椒、山椒、ショウガ、ニンニク、クローブなどがTRPV1を活性化することが報告されています。ミント、ユーカリプトール、ワサビ、シナモンなどは中温～冷たいと感じさせるTRPを刺激するため、灼熱感を感じさせるためには使わなくても良いでしょう。ただ、物質によってはTRPV1や他のTRPも刺激したりと、まだわかっていない部分も多いです。ノンアルコールドリンクの雄であるコーラやジンジャエールなどの原料からすると、アルコール感を再現すべく原料をチョイスしていたのかもしれませんね。

苦味と渋み

　苦味由来の物質はカフェイン、キニーネ、ホップ、その他植物アルカロイド、焙煎由来の焦げなどが挙げられます。また、苦味とは別の感覚である渋みは味覚ではなく触覚ですが、苦味の受容体も刺激する物質が多いため、実体験としては味覚と触覚の半々の感覚とも言えます。この渋みの要因はポリフェノール(タンニン)であることが多く、これを含む食品を代替として用いるのもひとつの方法でしょう。ただ、苦味・渋み物質は疎水性物質であるため舌に張り付き、持続性があることが多く、良く言えば余韻・後味を残す深い味わいですが、アルコール感とは言えないかもしれません。アルコールの苦味は比較的すっきりとしていて、後味が短い苦味と言えるため、そのような材料を適量に配合しましょう。

例：茶葉(緑茶、紅茶など)、コーヒー、カカオ、ハーブ、スパイス、柑橘果皮、トニックウォーター、ビターズ

その他の工夫

　代替で作った苦味や灼熱感が舌にくっつきやすく持続性が強い場合、だんだんとその感覚が鈍くなってくることを「順応」と言います。ドリンクは液体であるため、果肉などがない場合は味わいが均一、つまり飲んでいて味わいの変化が少ない(一定)ことが多く、順応が起こりやすくなっています。特にコールドドリンクの場合、舌の感覚が冷えて鈍くなるため、飲み進むごとにその効果は減少していきます。従って、苦味や灼熱感、揮発性を継続的に感じさせるにはリムやガーニッシュなどで不均一さを出すと効果的でしょう。また、オレンジオイルなどは液体の表面に浮きますから、脂溶性の苦味や風味を溶かしたフレーバーオイルも良いかもしれません。

　アルコールの揮発性はにおい分子を運ぶ役割をし、重要です。その独特の刺激はショウノウなどにも類似していますが、身近に飲用可能な材料がなかなかありません。そのため、口が触れることのないグラスのステムにエタノールを吹きかけるなどしても良いでしょう(吸引による酔いは発生するため、アルコール過敏の人に対しては注意が必要です)。また、エタノールのにおい＝果物などが発酵している合図ともいえるので、熟したフルーツから生じる重たいエステル系の香りも効果的かもしれません。

低アルコール、ノンアルコール飲料の需要

　ここ数年、食品に対する革新的な技術をふんだんに盛り込んだ開発「フードテック」が盛んです。理由としてはSDGsなどの関連もあり、まさに食文化の大きな変わり目を我々は体験しています。ノンアルコールドリンクも、十数年前までは小さな規模でした。

　実際にアルコールのような刺激を与える物質はあります。宗教上の規制で酒が飲めないからとエーテルを飲んで酩酊感を発見し、それが麻酔の普及につながった記録がありますが、今やそのような無法者 (?) もいないでしょう。これは極端な例ですが、エーテル以外にも安全性の問題で法律上添加できないものが多く、この時代の大きな移り変わりに対応できない物質も出てくるのではないかと感じています。しかし、この大きな市場を企業が逃すわけがなく、いつしかエタノール様の代替品が作られることでしょう。

　その中でもモクテルは、現在使用できる食材でフードテックの最先端に挑んでいるともいえ、試行錯誤された表現作品を味わうのが楽しみでなりません。これぞという作品ができましたら、是非お知らせ頂きたいです。

高橋貴洋

東京理科大学大学院理学部化学科2007年卒、大学院修士課程卒。在学中に味分析に興味を持ち、株式会社味香り戦略研究所へ入社。現在、10万アイテム以上の味分析を行い、味のデータベース構築・解析などを手掛ける。会社主催の「味覚レベルアップ講座」「においの数だけレベルアップ講座」の講師を務め、企業や一般の方を対象に味覚や嗅覚について講義をしている。日本食糧新聞、島根県農林水産省、東京家政大学、日本家政学会などでも講演。また、「所さんの目がテン!」(日本テレビ)、「ガッテン!」(NHK)、「めざましテレビ」(フジテレビ)、「Nスタ」(TBS)、「家事ヤロウ!!!」(テレビ朝日)、雑誌『料理王国』など各メディア対応も行う。

あ行

アタック
ドリンクを口に含んだ瞬間の第一印象。ワインやウイスキーの
テイスティング時に使われる言葉。

アドバンテックフィルター
アドバンテック東洋株式会社が販売する濾紙。一般的なフィ
ルターでは除去し切れない精油を濾過し、綺麗な芳香蒸留水
を作ることができる。

インフュージョン
酒類に素材を浸漬するなどして、その香りを移すこと。

ウォッシュ／ウォッシング
牛乳などの乳製品やベーコンなど油脂分が高いものを酒類に
混ぜて濾過、または分離させて固形分を取り除く技法。混ぜた
牛乳などの風味が酒類へ移ると共に、清澄化して透明になる。

エアロプレス
空気圧を利用して、短時間でコーヒーの抽出を行う器具。

オールドファッションド グラス
タンブラーの原型と言われる古いスタイルのグラスで、ドリンク
をオン・ザ・ロックス（氷を入れたグラスに酒類を注いで飲むスタ
イル）で飲む時に使われる。別名ロックグラス。

か行

ガーニッシュ

カクテルに入れたり、添えたりするもの。付け合わせ。

クラリファイド

遠心分離機やコーヒーフィルターなどを使って、液体を清澄化すること。

コーディアル

ハーブやスパイスなどの成分を抽出した濃縮シロップ。水や炭酸水で希釈して飲んだり、カクテルや料理の材料として使う。

ゴブレット

口径が広い、脚付きのグラス。氷を多く使うカクテルに向いている。標準的な容量は、300ml。

さ行

シェイク

シェーカーに材料と氷を入れて振る技法。混ざりにくい材料を手早く混ぜ合わせ、急速に冷やしたり、空気を含ませて滑らかな口当たりのカクテルを作ることができる。シェーカーの形状、氷の数や形、シェイクする角度や回数などによって仕上がりは大きく変わる。

シュラブ

ビネガーをベースに、フルーツ、スパイス、ハーブ、砂糖などを混ぜた飲料。

ステア

ミキシンググラスに材料と氷を入れて、バースプーンで混ぜる技法。比較的混ざりやすい材料を混ぜたり、材料の持ち味や香りを活かしたい時に用いる。シェイク同様、氷の数や形、組み方、ステアする回数や長さなどで仕上がりが変わる。シンプルに「かき回す」「混ぜる」という意味も。

スローイング

パイントグラス（1パイント／500ml前後のグラス）やティン、ミキシンググラスなど2つの容器を使って、交互に液体を流し入れる技法。火をつけてスローイングする「ブルーブレイザー」は、耐熱性のグラスを使う。

スワリング

液体を注いだグラスの底を持って、くるくると回転させること。液体を空気に触れさせることで、香りが開く。また、ステアやシェイクをする前に材料を混ぜ合わせる（プレミックス）時にも用いられ、味の確認ができたり、氷による加水を最小限に抑える効果がある。

た行

ダブルストレイン

ストレーナーのあるシェーカーから液体を注ぐ際、さらにバーズネスト（粗めの網が二重になっている漉し器）などを使って漉すこと。

タンブラー

一般的なガラス製のコップを指す。ハイボールやジントニックなどのロングドリンクに使われ、6オンス（180ml）の小型タンブラーから日本で標準的な8オンス（240ml）、国際バーテンダー協会標準の10オンス（300ml）などがある。プラスチック製や陶器のものも。

ツイスト

もともとあるカクテルのレシピに手を加えること。特にクラシックカクテルが生まれた当時とは入手できる材料の種類や質が異なるので、バーテンダーは時代の流れや自身の個性を取り入れながら最適な材料や分量、作り方に変えている。ツイストには「ひねる」という意味がある。

ディハイドレーター
食材乾燥機。食材の水分を蒸発させて、ドライフルーツや
ジャーキーを作ることができる。

ティン
ステンレス製の容器。材料を入れてペストルで潰したり、ボスト
ンシェーカーのボディにしたりと、さまざまな用途がある。

ティンクチャー
ウォッカなどのスピリッツにハーブやスパイスを浸けて、その成
分を濃く抽出したもの。

ドライシェイク
氷を入れずにシェイクすること。生クリームや卵白を使うカクテ
ルに用いられ、滑らかな口当たりになる。

ドロップ
カクテルの仕上げにビターズなどを振りかけること。1 drop（ド
ロップ）＝約1/5mlの単位を指すことも。

は行　**ビターズ**
スピリッツに果皮やハーブ、スパイスなどを浸けた、苦みの強い
リキュール。カクテルに数滴垂らすだけでその味わいをまとめた
り、アクセントになる。よく使われるアンゴスチュラ・ビターズの
ほか、最近では多種多様なビターズが販売されている。

ブレンド
ブレンダーを使って、材料を撹拌すること。フローズンカクテル
やフルーツ、野菜を使うカクテルなどに用いられる。

フロート
比重の差を利用して、2種類以上の液体を混ざらないように注いで層を作ること。

ペストル
フルーツやスパイス、ハーブなどを潰す時に使う、すりこぎ棒。グラスが傷つかないような材質でできているものを使用する。

ホエイ
ヨーグルトの上澄みにできる液体（乳清）で、牛乳から乳脂肪と固形のタンパク質（カゼイン）を除いた成分。滑らかな口当たりと、ミルキーな味わいをカクテルに与える。

ボストンシェーカー
ティンと厚手のパイントグラス、または小さめのティンなどを組み合わせた2ピースタイプのシェーカー。容量が多く、フレッシュフルーツを使ったカクテルによく用いられる。ティンとパイントグラスを合わせただけなので漉す部分がなく、別途ストレーナーが必要。

ま行

マドル
ペストルでフルーツやスパイス、ハーブを潰したり、混ぜたりする技法。

ミキシンググラス
ステアする際に用いる大型のグラス。

ら行

リキッド・リキッド・インフュージョン
水と油のように互いに混ざり合わないものの性質を利用して分離・濃縮すること。例えば度数の高いアルコールとフレーバーオイルを混ぜて置いておくと、油が下、アルコールが上の層に分離し、油からアルコールに溶けやすい抽出成分が移り、油に溶けやすい成分が油に残る。液液抽出法。

リム／リムド

グラスの縁に、塩や砂糖などを付けること。基本的には一周付けるが、半周の場合はハーフリムと言う。カクテルの風味に影響を与えるだけでなく、見た目の演出にもなる。

リンス

グラスの内側をリキュールなどの材料で濡らして、香りづけすること。

レデュクション

液体を煮詰めて、濃縮すること。

あとがき

　バーは、基本的に酒類を扱うお店です。モクテルを提供するバーが増えてきたとはいえ、お酒と向き合う機会が圧倒的に多く、その風味を活かすようなレシピを日頃から研究されているバーテンダーさんに今回の企画をお願いするのは悩むところもありました。レシピ制作にかかる労力、お店が目指すスタイル、お酒の造り手や酒屋さんへの思い、さまざまな葛藤があったと思います。それでも快くご協力頂き、レシピを考案してくださったバーテンダーさんたちに、まずは深く感謝申し上げます。

　31ページから始まるレシピを担当して頂いたバーテンダーさんたちには、「バーテンダーでなくても作れるようなレシピを半分程度入れてほしい」とお伝えしました。読者が真似しやすいシンプルな工程にまとめたり、多くの人に興味を持ってもらえるようユニークな素材を使ったり、カクテルの奥深さが伝わるような作り方にしたり……それぞれのカクテルに対する考え方が伝わる、個性豊かなレシピ集になりました。

　モクテルだけでなくローアルコールカクテルも入れたのは、お酒を登場させるためです。「少しなら飲める、飲んでみたい」という人や、モクテルに興味があって本書をご覧になった人の頭の片隅に、なんとなくその存在が残るといいなと思いました。もし、このバーで飲んでみたい、バーテンダーさんと話してみたい、お酒が並ぶバックバーを眺めてみたいと感じてくださったなら嬉しいです。

　私はバーが大好きです。カクテルを作っている時の音や思いがけず流れてくる素敵な曲、ずっと眺めていられるようなグラスや美しい絵画、ふと漂ってくるウイスキーや葉巻の香り、そしてバーテンダーさんから差し出される自分のためだけの一杯。ちょっとハードルが高いと思われるかもしれませんが、いつか機会があればバーの扉を開けてみてくださいね。

いしかわ あさこ

東京都出身。ウイスキー専門誌『Whisky World』の編集を経て、バーとカクテルの専門ライターに。編・著書に『The Art of Advanced Cocktail　最先端カクテルの技術』『Standard Cocktails With a Twist　スタンダードカクテルの再構築』（旭屋出版）『重鎮バーテンダーが紡ぐスタンダード・カクテル』『バーへ行こう』『ウイスキー ハイボール大全』（スタジオタッククリエイティブ）がある。2019年、ドキュメンタリー映画『YUKIGUNI』にアドバイザーとして参加。趣味はタップダンス、愛犬の名前は"カリラ"。

Mocktails
&
Low-ABV Cocktails

モクテル & ローアルコール カクテル

2022年3月20日

STAFF

PUBLISHER
高橋清子　Kiyoko Takahashi

EDITOR
行木　誠　Makoto Nameki

DESIGNER
小島進也　Shinya Kojima

ADVERTISING STAFF
西下聡一郎　Souichiro Nishishita

AUTHOR
いしかわ あさこ　Asako Ishikawa

PHOTOGRAPHER
柴田雅人　Masato Shibata

Printing
中央精版印刷株式会社

PLANNING,EDITORIAL & PUBLISHING
(株) スタジオ タック クリエイティブ
〒151-0051 東京都渋谷区千駄ヶ谷3-23-10 若松ビル2階
STUDIO TAC CREATIVE CO.,LTD.
2F,3-23-10, SENDAGAYA SHIBUYA-KU,TOKYO 151-0051 JAPAN
[企画・編集・広告進行]
Telephone 03-5474-6200　Facsimile 03-5474-6202
[販売・営業]
Telephone & Facsimile 03-5474-6213
URL https://www.studio-tac.jp
E-mail stc@fd5.so-net.ne.jp

注 意

この本は2022年2月10日までの取材によって書かれています。この本ではカクテルの美味さとカクテルを飲む愉しさを推奨していますが、飲み過ぎると腎臓、肝臓、胃腸、喉頭、頭脳、精神等に不調をきたす場合がありますので、充分にご注意ください。写真や内容は一部、現在の実情と異なる場合があります。また、内容等の間違いにお気付きの場合は、改訂版にて修正いたしますので速やかにご連絡いただければ幸いです。
編集部

STUDIO TAC CREATIVE